名古屋大学日本語表現研究会

書き込み式
日本語表現ノート

三弥井書店

書き込み式日本語表現ノート　　目　次

技能編

第１回　話し言葉と書き言葉　　6

第２回　文の組み立て　　12

第３回　視　点　　16

第４回　文のつなぎ方　　20

第５回　意味の限定　　26

第６回　言葉の順序　　30

第７回　定義・分類の表現　　34

第８回　比較・対照の表現　　40

第９回　列挙・順序・因果関係の表現　　46

第10回　引用の表現　　52

第11回　敬　語　　56

第12回　注意すべき敬語　　62

書き込み式日本語表現ノート　目次

知識編

第１回　**漢字の読み方と言葉の意味** 難読語その１　70

第２回　**漢字の読み方と言葉の意味** 難読語その２　71

第３回　**漢字の読み方と言葉の意味** 文脈によって意味と読みのかわるもの　74

第４回　**同音・同訓異義語の使い分け** その１　76

第５回　**同音・同訓異義語の使い分け** その２　78

第６回　**同音・同訓異義語の使い分け** その３　80

第７回　**類義語の使い方**　82

第８回　**対義語の使い方**　84

第９回　**言葉の呼応**　84

第10回　**定型表現・慣用句**　86

第11回　**四字熟語**　88

第12回　**仮名づかい・送り仮名の使い方**　90

附録　技能編　原稿用紙の書き方・履歴書の書き方
　　　　原稿用紙・履歴書用紙

『書き込み式 日本語表現ノート』をご利用になる皆様へ

本書は、「日本語で書く能力」を身につけ、伸ばしたい人々のために編集されたテキストです。本書で言う日本語の能力とは、特に文学的あるいは芸術的才能を前提としたものではありません。授業のノートを効率よく取ったり、レポートをきちんと書いたり、メールを出したりといった、日常生活の中で誰もが必要とする能力を伸ばすことを目的としています。

本書は、表現力を身につけるための「**技能編**」と、言葉の知識を身につけるための「**知識編**」との2部構成になっています。

「**技能編**」は一文の中での言葉一つ一つの選び方、並べ方から、実際の社会生活や学習活動に必要なまとまった文章を構成するための表現能力までが、解説を読み、練習問題に取り組む作業を繰り返すことで身につくプログラムです。学習者がテキストをそれぞれ自分のノートとして十分活用できるよう、「書き込み式」になっています。

「**知識編**」では、社会人として知っておきたい漢字の読みや意味、同音異義語の使い分け、類義語・対義語、呼応すべき表現、慣用句、四字熟語などの言葉の知識を、意味の説明や例文などとともに掲げてあります。さらに、仮名づかい・送り仮名の表記の基準と解説も加えました。各回ごとに定着が図れるよう、別冊として「小テスト」を用意していますので、そちらも合わせてご活用ください。

————————————————————技能編

技能編　第1回　**話し言葉と書き言葉**

1. 話し言葉と書き言葉

次の文はある大学生の自己紹介ですが、どうも全体の統一感がありません。どこを直したらよいのでしょうか。

> 私は□□といいます。今〇〇大学〇〇学部の1年生です。高校の頃はどっちかっていうとおとなしいほうだったけど、大学では友達をたくさん作って、サークル活動なんかもしたい。あと、アルバイトもバリバリやっていろいろな経験ができたらいいなぁと思います。勉強はもちろん大切なので、授業にはきちんと出席しています。ただ、今受けている授業の中には難しくて困っているものもあるんです。わからないとこ教えてくれる人が誰かいればうれしい。

下のA、Bは上の文を書き直したものです。それぞれどのような印象を受けるでしょうか。

A
> 私は□□といいます。今〇〇大学の〇〇学部の1年生です。高校の頃は<u>どちらかというとおとなしいほうでしたが</u>、大学では友達をたくさん作って、サークル活動<u>なども</u>したい<u>と思います</u>。<u>それから、</u>アルバイトも<u>できるだけして</u>、いろいろな経験がしてみたいです。勉強はもちろん大切なので、授業にはきちんと出席しています。ただ、今受けている授業の中には難しくて困っているものも<u>あります</u>。わからない<u>ところを</u>教えてくれる人が誰かいればうれしい<u>です</u>。

B
> 私は□□、今〇〇大学〇〇学部の1年<u>生だ</u>。高校の頃はどちらかというとおとなしいほう<u>だったが</u>、大学では友達をたくさん<u>作り</u>、サークル活動などもしたい<u>と思う</u>。それから、アルバイトもできるだけして、いろいろな経験がして<u>みたい</u>。勉強はもちろん大切なので、授業にはきちんと出席して<u>いる</u>。ただ、今受けている授業の中には難しくて困っているものも<u>ある</u>。わからないところを教えてくれる人が誰かいればうれ<u>しい</u>。

Aは少し改まった機会に、丁寧に話している感じがしたと思います。このようなフォーマルな感じの言葉づかいを、このテキストでは「**話し言葉**」と呼ぶことにします。「**話し言葉**」は知り合って間もない人や目上の人と話すとき、面接のとき、仕事場での会話に使います。実際の場面では尊敬語・謙譲語などもあわせて用います。→**第11〜12回**

Bは、まるで小説の中で主人公が不特定多数の読者に自分のことを説明しているかのような感じがしたことでしょう。このように不特定多数の相手に何かを説明したり、報告したりするときに使う言葉づかいを、本書では「**書き言葉**」と呼びます。「**書き言葉**」は、小論文やレポート、卒業論文などで使う基本的なスタイルです。

2．文末表現の統一

前ページAの「**話し言葉**」、Bの「**書き言葉**」それぞれの例文で使われている文末表現には違いがありますね。

文末表現には「**です・ます体（敬体）**」と「**だ・である体（常体）**」の二つのスタイルがあります。Aでは「**です・ます体**」、Bの「**書き言葉**」の例文では「**だ・である体**」になっています。

文末表現はその文章のジャンルや目的・用途、読み手が誰であるかなどにより、どちらかふさわしいスタイルを選んで使い分けます。表現上の効果を上げるなどの目的で、一つの文章の中でわざと両方のスタイルを使う場合もありますが、一般的には一つの文章の中では文末表現のスタイルを統一します。

以下はよく使われる文末表現です。「です・ます体」と「だ・である体」をいつでも入れ替えて使えるようにしておきましょう。

〜のです。	←→	〜のだ。〜のである。
〜のではありませんか。	←→	〜のではないか。
〜でしょう。	←→	〜だろう。
〜ましょう。	←→	〜う。〜よう。
〜てください。	←→	〜てほしい／〜られたい。
〜たいです。	←→	〜たい。

3．避けたい表現――日常会話専用の言葉

Cは、ある大学で実習を休んだ人が、担当の先生に出した欠席届の表現です。この中には言葉の選び方や表記の上で不適切な点があります。書き直してみましょう。

C

```
               実習欠席理由書
          工学部2回生    ○○○○
朝学校来るとき原チャリで事故って、そん時歩道歩いてる人巻き込んじゃってケガさ
せちゃったんで、病院付き添ってったり保険会社に連絡してて手間取って、大事な実
習ってコトはわかってたんだケド、どーしても行けませんでした。今さらゆってもしょ
ーがないケド、せめてケータイで欠席って連絡しとけばよかったって反省してます。
```

この文章の不適切な点は、日常会話特有の言葉や表現が使用されていることです。また表記の点でも、仮名づかいの誤りや、不必要なカタカナ表記、「ー」を多用するという問題があります。Cについて、以上の問題点を直したのが次の文章です。どこが変わっているのか確認してください。

D

> 朝学校に来るときスクーターで事故を起こしました。その時歩道を歩いている人を巻き込んでケガをさせてしまいました。病院へ付き添って行ったり、保険会社に連絡したりしていて手間取ったため、大事な実習だということはわかっていましたが、どうしても行けませんでした。今さら言っても仕方のないことですが、せめて携帯電話で欠席すると連絡をしておけばよかったと反省しています。

①日常会話独特のつなぎの言葉

Cにあった「けど」は、友達と話すなどの場面でよく使うつなぎの言葉ですね。しかしこれは改まった言葉づかいでは使わない言葉です。Dのように「けれど（も）」などを使いましょう。

またCで「～て（で）」という言葉がたくさん使われていますね。ここでは原因や理由の意味で使っているので差し支えありませんが、次のような場合はどうでしょうか。

> 起きて、食事をして、家を出て、車に乗った。→起きて、食事をし、家を出、車に乗った。

ここでは、引き続いて起きた事柄を単純に並べて表現しています。このような場合、使わなくても同じ意味を表すことができます。「て」を多用すると冗長な印象につながります。

> 面白い。ていうか大好きだ。→　面白い。大好きだ。

同様に上の文での「ていうか」も、使わなくても意味は通ります。「ていうか」はくだけた会話の時のみに使われる軽いつなぎの表現です。文章では使わないほうがよいでしょう。この他にもくだけた言葉づかいでは認められても、改まった場面では使わないつなぎの言葉があります。練習問題❸を解きながら確認してください。

②話し言葉特有の文末表現

C中に、「巻き込んじゃって」「ケガさせちゃった」「わかってたんだ」「連絡しとけば」という表現がありました。例文ではその後も文が続いていますが、これらは文末に使われる表現です。日常生活ではよく使いますが、改まった言葉づかいをする際にはふさわしくありません。「巻き込んでしまって」「ケガさせてしまった」「わかっていたのだ」「連絡しておけば」などの表現に改めましょう。これも練習問題❸で、いろいろな表現にあたりながら使い分けていきましょう。

③その他日常会話特有の言葉

つなぎの言葉や文末表現以外にも、Cには日常会話特有の言葉がいくつか使われていました。事故を起こすという意味合いの「事故る」はその典型ですね。「超」「ゲーセン」などの若者言葉を文章表現では避けなければならないことは、多くの人が知っていることだと思います。しかしずいぶん前から使われている言葉でも、まだフォーマルな言葉として認知されていない言葉はたくさんあります。

> あんなにいっぱいあるのに、なんでちょっとだけでも分けてくれないのか。

上の文中の「あんなに」「いっぱい」「なんで」「ちょっと」に注意してください。日常会話専用という感じがしないという人もいるかも知れません。しかし、現時点ではフォーマルな表現としては「あのように」「たくさん」「なぜ」「少し」などに替えたほうが望ましいでしょう。

この項目に該当する言葉は他にもたくさんあります。代表的なものを練習問題3で取り上げておきましたが、みなさん自身でもぜひ探してみてください。

④日常会話では許される省略

Cの例文に「学校行くとき」という表現があります。フォーマルな言葉づかいでは「学校へ（に）行くとき」と省略をしないほうがよいでしょう。「バイト」「バイク」「ケータイ（携帯）」などは、今では略語と意識されないかもしれません。しかし、文章表現では略さず「アルバイト」「オートバイ」「携帯電話」としたほうが無難です。

練習問題

1 次の文の文末表現を指示にしたがって書き直してみましょう。

1. 困難なのです。　　　　　　→　困難なの＿＿＿＿＿。（だ・である体へ）
2. 問題なのではありませんか。→　問題なのでは＿＿＿＿＿。（だ・である体へ）
3. 行くだろう。　　　　　　　→　行く＿＿＿＿＿。（です・ます体へ）
4. 可能でしょう。　　　　　　→　可能＿＿＿＿＿。（だ・である体へ）
5. がんばりましょう。　　　　→　＿＿＿＿＿＿＿。（だ・である体へ）
6. 確認しよう。　　　　　　　→　確認＿＿＿＿＿。（です・ます体へ）
7. 教えてください。　　　　　→　＿＿＿＿＿＿＿。（だ・である体へ）
8. 実行したい。　　　　　　　→　実行＿＿＿＿＿。（です・ます体へ）

2 次の文章は文末表現が統一されていません。「です・ます体」か、「だ・である体」のどちらかを選び、例にならって書き直してみましょう。

> **例（です・ます体に統一する場合）**
> ハマチと言えば、マダイと並んで養殖魚の代名詞のように思っている人も多いかも知れません。出世魚と呼ばれるもののひとつで、関西ならアブ、ツバス、ハマチ、メジロ、ブリの順に、関東ではワカシ、イナダ、ワラサ、ブリの順に大きく~~なる~~。養殖魚
> 　　　　　　　　　　　　　　　　　　　　　　　　　　　　　　　　　なります
> については、養殖がさかんな関西地方のハマチという呼び名が一般化して~~いる~~。
> 　　　　　　　　　　　　　　　　　　　　　　　　　　　　　　　　います

にぎやかだった盆休みも終わり、仏壇の周りを片づけていたとき、引き出しに4、5年ほど前に入れた、私の遺言ならぬ「葬式の手順」を書いたものを見つけましたので、この機会に書き直すことにした。3人の娘たちは嫁いで今は私たち夫婦2人暮らし。いつ何が起こるかわかりません。本当は、葬式はやらずに身内だけで済ませてほしいのだが、町のしきたりということもあるので、そうもいきません。

3 以下の文章には日常会話特有の表現が含まれています。例にしたがって適切な表現に書き直しましょう。

| 例 敬語を使えない~~ってゆう~~、信じら~~ん~~ない人がいた。 |
| 　　　　　　　　　　　　　　という　　　　　　　れ |

1. 景気が低迷してるんで、円安は当分続くと見た。

2. 日高さんと宮崎さんとは、顔だけじゃなく体つきも声もそっくりだから驚いちゃう。

3. 海辺じゃ、昼と夜の空気の流れの変化がハンパじゃない。

4. 東南アジア各国の自動車生産計画は、日本の自動車産業にも影響を与えるもんだ。

5. 私んちの近くに、派手さのこれっぽっちもない、この写真のまんまの天使像がある。

6. やっぱりそれ、他にまかせないで私にやらせてくれない？

7. 毎日メールとか、調べものとかでパソコンはしょっちゅう使う。

8. なんで彼女はあんな悲観的なことばっかり言うの？

9. 女優みたいなカッコして来たけど、ちょっと場違いだったかもしんない。

10. あんまり遅かったんで、もう来ないんじゃないかって思ってました。

11. 問題ないなんて大嘘ついたけど、まじに受け止められてびっくりした。

12. 引っ越しすれば、荷物は重いし、数も多いし、すっごい疲れるだろう。

13. 暑いからって、そんなにいっぱい氷を食べちゃ、体に悪い。

14. この人形まじかわいい。てゆうか超欲しい。てゆうか買って。

15. 宿題をやらないで遊び行った。だって、いつ終わるかわかんないし。

16. 君が原因だ的な言われ方したから、俺めっちゃむかついた。

17. 私だってチワワを飼いたい。でもアパートだからあきらめなきゃ。

18. 彼女はちゃんと準備しといたから、アクシデントにも対応できたんだ。

19. あんまり寒いもんだから、セーターを３枚重ね着するすごい格好になっちゃった。

技能編　第2回　**文の組み立て**

次の二つの文は間違っています。どこがおかしいのでしょうか。また、直すとしたら、どう直したらよいのでしょうか。

> A　水害に遭った被災地の人々を助けたのは、警察ではなく、主にボランティア団体の人々が、支援してくれた。
> B　父の職業はタクシーの運転手を私が小学生の頃に始めた。

英語の学習で「S」（主語）「V」（述語）などの要素を探して、文型を考える作業をしたことがある人は多いでしょう。「S」と「V」とは、いわば文の骨組みです。日本語で文章を書くときにも、そのような文を支える骨組みを意識することはとても重要です。上の二つの文は、「S」「V」の対応がうまくいっていないので、おかしな文になっています。それぞれ「S」「V」にあたる部分を書き出してみると、

> A　助けたのは　―　支援してくれた。
> B　父の職業は　―　始めた。

となってしまいます。この対応を、正しく直してみましょう。たとえば、Aの場合は、

> A　助けたのは　―　ボランティア団体の人々だ。

とすれば対応が正しくなりますから、全体は、

> A'　水害にあった被災地の人々を助けたのは、警察ではなく、主にボランティア団体の人々だ。

となります。Bの場合は、

> B　父の職業は　―　タクシーの運転手だ。

とすれば、正しい文章になります。そこで、残りの「私が小学生の頃に始めた」を、この骨組みに合うように入れ替えて、

> B'　父の職業は、私が小学生の頃に始めたタクシーの運転手だ。

と直します。このように、「S」「V」の対応に注意するだけで、おかしな文を書いてしまう危険性はずいぶんと少なくなります。

さらに、もう少し複雑な例も挙げてみましょう。

> C 『万葉集』は奈良時代で、『古今集』は平安時代、天皇が命じて作らせた歌集である。

この文の骨組みを考えてみたいのですが……。

「歌集である」が後半の骨組みであることはわかります。しかしそれに対応する前半の骨組みはいったいどの部分でしょう。「『万葉集』は」でしょうか、「『古今集』は」でしょうか、それとも両方なのでしょうか。

後半の骨組み「歌集である」には「天皇が命じて作らせた」と説明（修飾）が付いていますから、これに対応するのは「『古今集』は」であることがわかります（『万葉集』は天皇の命令で作られたものとは考えられていません）。つまりこの文には本来2セットの骨組み（「『万葉集』は―（　　　　　　）」、「『古今集』は―歌集である」）が必要なのに、「『万葉集』は」に対応する骨組みが欠けてしまっているのです。一文の中で書きたい内容がいくつもあるときに起こりやすいミスです。

それでは、欠けている骨組みを補ってみましょう。

> A' 『万葉集』は奈良時代に**作られた歌集**で、『古今集』は平安時代に天皇が命じて作らせた歌集である。

このように、一文の中に二つ以上の骨組みを入れて考えなければならないこともあります。一文の中に「〜は」「〜が」「〜も」などがいくつもある時は、それぞれに対応する部分がきちんとあるかどうか、気を付けてみましょう。

練習問題

1 次の文はいずれも文の骨組みが整っていません。例を参考にして、直してみましょう。

例	交通事故の原因は、昨夜の雪で路面が凍結していたにも関わらず、スピードを緩めずに走行した。
訂正例	交通事故の原因は、昨夜の雪で路面が凍結していたにも関わらず、スピードを緩めずに走行したことにある。

1. 弁護士を目指そうと考えたきっかけは、中学校の社会科の時間に、世の中にあふれる様々な社会問題を学んだ。

2. 今年の夏休みの計画は、バリ島で泳いだりビーチに寝ころんだりして、のんびり過ごしたいと思う。

3. 海外で最も有名な日本の古典文学は、平安時代中期の作品である『源氏物語』は、紫式部によって書かれた。

4. 他人を不快にさせないためには、相手の話をよく聞くことと、自分のことばかりをしゃべらない。

5. 健康な身体を維持するには、バランスの取れた食事と十分な睡眠を取り、快適な日々を送ることができる。

6. 現代の社会生活で心がけなければならないのは、互いの個性や意見を尊重した上で、基本的な社会ルールを作っていきます。

7. 現代の作家に要求されているのは、文章の技巧や想像力の豊かさではなく、社会に対する好奇心を持つことが必要である。

8. 新しいごみ分別の難点は、ごみ問題が深刻であるにも関わらず、やり方が複雑だと言って、協力しようとしない人が多い。

9. その製菓会社の業績向上の要因は、精巧な妖怪(ようかい)フィギュア付きキャンディーの大ヒットが要因である。

10. 礼服の着用を求められる例としては、葬式や親族の結婚式などがその1例である。

11. 墜落した飛行機は、無惨な機体をさらして洋上に浮かんでいる姿が、テレビのニュースで放映された。

12. 今日の時間割は、古典と体育と数学と家庭科はとても大好きな科目だ。

13. 彼は芸大出身で、バイオリンもフルートもふける。

14. 残念ながら私はチケットが取れなかったので、その新演出によるシェイクスピアの舞台は、主演男優の好演もあり大成功のうちに千秋楽を迎えたらしい。

15. 私が英会話を始めようと思ったのは、私が幼い頃に通っていた幼稚園で、イギリス人の友達がいたのですが、幼すぎて覚えていません。

技能編　第3回　視点

次の二つの文を読みくらべてみましょう。

> A　第9回日本未確認生物学会は、長年の懸案事項であった、いわゆる「むささびモモンガ問題」について、重大な結論を下した。未確認生物としての表記を、今後「モモンガ」に統一することを決めたのである。
>
> B　第9回日本未確認生物学会において、長年の懸案事項であった、いわゆる「むささびモモンガ問題」について、重大な結論が下された。この決定によって、未確認生物としての表記は、「モモンガ」と統一されることに決まった。

違いがわかりましたか。この二つの文は、表している内容は全く同じなのですが、文を組み立てる時の「視点」が、実は異なっているのです。Aの文で視点があたっているのは、「日本未確認生物学会」という「動作主」です。それに対して、Bの文で視点があたっているのは、「むささびモモンガ問題」という「事柄」です。そして、何に視点をあてて文を組み立てるかによって、使われる動詞の種類や形が変わってきます。

動作主に視点をあてた文	→	事柄に視点をあてた文
学会が結論を下す		結論が下される
表記を決める		表記が決まる

このように、動作主に視点をあてた場合、「下す」「決める」などの他動詞や、あるいは使役の形が多く使われるのに対して、事柄に視点をあてた文では、「下される」という受身の形や、「決まる」のような自動詞が多く使われるのです。視点と使われる動詞との関係を、以下にまとめてみました。

動作主に視点をあてた文
（動作主）　が　（対象）　を　（他動詞）　する
（動作主）　が　（対象）　を　（他動詞）　させる

事柄に視点をあてた文
（対象）　が　　　　　　　　（自動詞）　する
（動作主によって）（対象）　が　　　　　　（他動詞）られる

「誰がどうした」という、動作主に視点があたった文よりも、「何がどうなった」という、事柄に視点があたった文のほうが、客観的な印象を読み手に与えやすく、したがって説明文や論説文に多く用いられます。例えば、

> C　1989年、消費税が導入された。

のような文は、「消費税の導入」という歴史的な事実のみを、客観的に淡々と記している

印象です。それに対して、

> D　1989年、当時の内閣は消費税を導入した。

のような、動作主に視点をあてた文には、他のどの内閣でもない1989年の内閣こそが消費税の導入を実施したのだという、書き手側の強調するニュアンスが漂いはじめます。もちろん、このような文の視点の違いは、一文のみではっきりするものではありません。レポートなど、ある程度まとまりのある長い文を書こうとする場合にこそ、大きな意味をもってきます。視点が定まっていない文というものは、とても読みにくいものです。

練習問題

1 次の表を完成させましょう。

他動詞	自動詞	受身形	使役形
見る	見える	見られる	見せる
聞く	聞こえる	聞かれる	聞かせる
上げる	(　　　　)	(　　　　)	上げさせる
下げる	(　　　　)	(　　　　)	下げさせる
寄せる	(　　　　)	(　　　　)	寄せさせる
出す	(　　　　)	(　　　　)	出させる
起こす	(　　・　　)	起こされる	起こさせる
取る	×	(　　　　)	取らせる
定義する	×	(　　　　)	定義させる
行う	×	(　　　　)	行わせる
批判する	×	(　　　　)	批判させる
評価する	×	(　　　　)	評価させる
書く	×	(　　　　)	書かせる
考える	×	(　　　　)	考えさせる
待つ	×	(　　　　)	待たせる
×	思う	思われる	思わせる
×	行く	×	行かせる
×	上昇する	×	上昇させる
決定する	決定する	決定される	決定させる
決める	決まる	決められる	決めさせる

2 次の文章の動詞（下線部）を他の形に変えて、全体を書き直しましょう。

1. 窓から富士山が見える。→　「他動詞」

2. 村役場が迷子の情報を流す。　→　「自動詞」

3. 教務課が時間割を変更した。　→　「受身形」

4. 新しいファンが話題のアイドルのファンクラブを作った。　→　「受身形」

5. 温室効果ガスが大気の温度を上昇させる。　→　「自動詞」

6. 古代ギリシャで、人々が神への供物として神殿に捧げていたナチュラルチーズを、現代では、世界中の食卓が愛している。　→　「受身形」

3　次の文章を下線部分に注意して、事柄に焦点をあてた文に書き直しましょう（二重下線は動作主を示す）。

1. 劇団Nは、往年の名優たちが演じてきた古典的名作の数々を、全国の主要会場で、来春より1年をかけて連続上演する。多くのファンが復活を待望してきた演目もあり、関係者は激しいチケットの争奪戦を予想している。

- 18 -

2. 歴史家が、「赤穂事件」と呼ぶ一連の出来事は、その発生当初から様々なメディアが世間に広め、また後には舞台化したことによって国民的「伝説」とまでなった。しかし、その真相については、はっきりしない点も多く残っている。

3. 新しい葬儀会社では、従来の金額によってのみ差を付ける祭壇ではなく、故人の生前の趣味や雰囲気に合わせた、様々なタイプの祭壇を用意している。花や写真だけでなく故人の遺品なども用い、参列者が生前の故人を改めて理解する機会となるよう工夫している。

4. 学生の不祥事に際して、大学当局は臨時の教授会を開催し、学生の処分を決めた。それと同時に、従来のセクシュアルハラスメント・ガイドラインを見直すように話し合った。そのための議論には、委員以外のすべての教員も参加するよう、方針を固めた。

5. 多くのテレビ番組は、次の総選挙の行方についてしきりに話題にしている。その中には、2世、3世の議員及び候補者ばかりを大きくとりあげている番組も多く、政治をまるで芸能情報のように扱っているような印象を視聴者に与えているのではないだろうか。

技能編　第4回　文のつなぎ方

次の文について、（　）内の表現はどちらが適切でしょうか。正しいと思うほうを○で囲みましょう。

> 彼はがんばって勉強したが、（合格した／落第した）。

「～が」の続き方の問題です。「～が」は、順接（合格した）にも、逆接（落第した）にも使える言葉として、現代ではよく使われていますね。ただし、わかりやすい文を書く場合には、どちらにも使えるということは問題になります。逆接の時以外、「～が」はできるだけ使わず、他の言葉に言い替えるようにしましょう。

> 彼はがんばって勉強した**けれども**、落第した。
> 彼はがんばって勉強した**ので**、合格した。

次はどうでしょう。

> A　彼は学生で、会社を経営している。
> B　話題の方法でダイエットをして（やせた／失敗した）。

Aでは、「彼」が「学生」であることと「会社を経営している」こととの関係を、書き手がどう考えているのかあいまいです。単に一人の人が二つのことをしていることを紹介しているだけなのかもしれませんが、「学生」が「会社を経営している」ことを意外だと感じているのかもしれません。
Bの場合は、「ダイエット」とその結果との関係をどう考えるかで、文のつながりを工夫したほうがよい例です。「して」は、どちらの結果ともつながりますが、やはり一工夫して、関係をはっきりさせたいところです。

意味のつながりをはっきりさせて、つなぎ方を考えると、それぞれ次のようになります。Bの場合ように、一つの文を二つに分けて接続の言葉を補うのも、わかりやすい文を書くためには有効な方法です。

> A'　彼は学生でもあり、会社を経営してもいる。
> A"　彼は学生**なのに**、会社を経営している。
> B'　話題の方法でダイエットをした。うまくいってやせた。
> B"　話題の方法でダイエットをした。**けれども**、失敗した。

以上のように、文のつなぎ方を考える場合には、接続の言葉に注意する必要があります。
次の文の（　）にはどのような接続の言葉を入れたらよいでしょうか。

> 首相は20日の国会本会議で、減税を宣言した。（　　　　）、金融改革にも触れ、金融担当大臣に一任する考えを示した（　　　　）、大臣の資質に対する質問には、内閣改造の考えのないことを示し、支持する姿勢を改めて明らかにした。

内容を確認すると、首相の発言について三つの話題が三文にわたって並べられていることがわかりますね。このように次々と話題を添加していく場合には、「また・さらに・そのうえ さらに・かつ」のような接続の言葉で文をつなぎます。

> 首相は20日の国会本会議で、減税を宣言した。（　また　）、金融改革にも触れ、金融担当大臣に一任する考えを示した（　さらに　）、大臣の資質に対する質問には、内閣改造の考えのないことを示し、支持する姿勢を改めて明らかにした。

この他にも、「では・さて・ところで・一方」などの話題を転換する言葉、「つまり・すなわち」のような解説の言葉、「だから・したがって・それゆえ」のような理由と帰結をつなぐ言葉にも注意が必要です。

練習問題

1　次の文では「が」を逆接以外の用法で使っています。適切な言葉を補いながら、「が」を使わない表現に改めましょう。

1. 太郎はその問題に対して続行すべきだという意見を述べているが、私はその意見に賛成だ。

2. 先日、マラソン大会が行われましたが、私は陸上部に所属していますが、１年生の頃と比べるとずいぶん速くなりましたが、高校生活最後の大会でもあり、大会が終わったときには、感動しました。

3. ワールドカップは4年に1度開催されますが、2010年は南アフリカ共和国開催なので、私はボランティアとして参加しますが、得意の英語を活かしてがんばろうと思います。

2 次の文にはつながり方のおかしな部分があります。改めましょう。

1. 昨日は長年の問題が解決したせいで、久しぶりにぐっすり眠ることができた。

2. プールでは、それぞれのペースで泳げるために、コースに仕切りがしてある。

3. 私はたくさん荷物を持っていて、彼女は身軽で、さっさと切符を買って先に行ってしまった。

4. 今日は休業日で、課長から電話があって、会社に呼び出されて仕事をして、デートに行けなかった。

5. 彼に電話をして、留守電になっていて、メッセージを入れて、約束の場所で待っていて、彼は来なかった。

3 例にならい、適切な接続の言葉を補って「①。（　　）、②。（　　）、③。」という文章を作りましょう。ただし、内容を変えない程度に文を変更してもかまいません。

> 例
> ①グローバリズムは時代の流れであり、人権は普遍的な人類の共通の関心事である。
> ②各国の事情、文化や伝統の違いなどに、きめ細かい配慮を払うことが重要だ。
> （明石康「21世紀の国連」＊）
> →グローバリズムは時代の流れであり、人権は普遍的な人類の共通の関心事である。しかし、各国の事情、文化や伝統の違いなどに、きめ細かい配慮を払うことも重要だ。

1. ①外来語の大部分は英語から来たものである。
   ②ドイツ語、フランス語などから来たものがある。

2. ①首相は20日の国会本会議で、減税を宣言しました。
   ②その首相発言を受けての各界の反応です。

3. ①首相は20日の国会本会議で、減税を宣言した。
   ②金融改革にも触れ、金融担当大臣に一任する考えを示した。
   ③金融担当大臣は、今日も予算委員会で激しい追及を受けた。

4. ①日本では今世紀最高と言えるワインブームで世紀末の幕を閉じようとしている。
   ②僕自身はブームという言葉を使うべきではないと考える。
   ③それは、瞬間的なものではなく継続性のあるものだと思うからである。
   （田崎真也「日本産ワインのこれから」＊）

5. ①私がきものとかかわった40年のうち、前半はたしかに活力があった。
   ②その市場は、徐々に通過儀礼を中心とするものになった。
   ③この10年は力を失いつつある。（市田ひろみ「これからの和服文化」＊）

6. ①21世紀の家族像は、まだ家族の新しい形態としては認知されていない。
   ②それは福祉の視野に登場したものであり、しかも登場してまだ間がないのだ。
   ③福祉の領域を越えて私たちの21世紀の家族像になるかもしれないという潜在性を論じる段階にはなっていない。（芹沢俊介「21世紀家族について」＊）

4 適切な接続の言葉を〔　　〕に補いましょう。

1. 以下は夢である。「地震予知学」についての一般的認知はひどくおくれている。〔　　　〕、それは新しい科学のつねである。さらなる地道な努力の結果、いずれは大ヒットあるいは、理論的・実験的大発見が現れ、世間はいっせいに開眼し、新しい眼による観測・監視体制が整備され、ついには実用予知が実行されることになるだろう。〔　　　〕やがては震度予測（〔　　　〕構造物の被害予測）を含む地震予測情報が日常的にテレビに流れるようになり、人々は天気予報によって傘を持って出かけるかどうかを決めるように、それぞれが判断し行動することになろう。人命の損失はほぼゼロとなるにちがいない。〔　　　〕、地震発生制御すら可能となるかもしれない。
（上田誠也「地震予知はどうなるか？」＊）

2. 日本の21世紀は、どんな国の姿になっているのだろうか。イメージできることはいくつもあるが、100パーセントの確率で言えるのは、高齢化あるいは長寿化が著しく進むことである。
　〔　　　〕、21世紀の日本を予測することは、この超高齢化した社会を、どのように評価するのかに関わっている。〔　　　〕、そのことを悲観的に見るのか、楽観的に見るのかによって、政治・経済、果ては文化、それどころか、わたしたちの人生観にまで影響するだろう。
　〔　　　〕、諸兄は、この事実を悲観的に見るのか、楽観的に見るのか。わたしは楽観的に見たい。〔　　　〕、日本が真の超高齢化社会を迎えるであろう2015

年くらいに、わたしたち団塊の世代も65歳を過ぎるわけで、老境期に入る時、これを悲観して迎えるなんて、能がない話だからだ。

（石川好「豊かな老人国を作るために」＊）

3. 生物の身体の変化には、遺伝的要因と環境的要因がかかわっている。日本人の遺伝子は、在来縄文人と渡来弥生人との混血が安定化に向かった古墳時代以来、総体としてはほとんど変化はないので、それ以降の変化は主に環境の影響といえる。〔　　　　　〕、男性の平均身長は、古墳時代の160センチメートルが、人口増加と栄養状態劣化によって漸減し、江戸時代に156センチメートルにまで落ち込んだ。〔　　　　　〕、明治以降はもちなおし、数年前には高校3年生で170センチメートルに達した。〔　　　　　〕、それっきり伸びは止まってしまったのである。〔　　　　　〕、栄養状態の改善が極限に達し、遺伝的制約が利いているのだ。〔　　　　　〕、今後は、長期間の食糧不足が起きない限り、〔　　　　　〕身長の違いにより子供を産む数が違って、遺伝子頻度に大きな変化が起きるような事態にならない限り、日本人の身長はほとんど変わらないだろう。（馬場悠男「日本人のすがた・かたち」＊）

4. 小選挙区制は、一つの選挙区内の比較多数派がその選挙区全体を代表する制度である。〔　　　　　〕候補者が5党から一人ずつ立ったとして、得票率が自民30％、民主25％、公明20％、共産15％、社民10％であったとすれば、自民党の候補がこの選挙区全体の代表となる。

〔　　　　　〕、単純小選挙区制の下、全選挙区でこのようなことが起こり、どこでも自民党が1位であれば、同党が30％の得票率で衆院の議席の100％を獲得する。自民党に投票しなかった人が70％あっても、その代表はゼロということになる。

〔　　　　　〕、これはあくまで理論的な可能性であって、実際にこんな極端なことは起こらないだろう。〔　　　　　〕、1996年総選挙で自民党は全国の小選挙区での得票率は38.6％に過ぎなかったのに、議席では300中の169、すなわち56.3％もの議席を得た。これが小選挙区制の最大の特徴である「作られた多数派」をもたらす得票率と議席率の乖離（かいり）現象である。（石川真澄「選挙制度はどうなる」＊）

＊はすべて『これからどうなる21－CD-ROM版』（2000年・岩波書店）の文章によります。ただし問題の都合上、一部文章に変更を加えてあります。

---

tea break　もっと勉強したい人へ

接続表現についてもっと詳しく知りたい人には、野矢茂樹氏の『論理トレーニング101題』（産業図書）をお薦（すす）めします。論理的な思考法は練習によって身につくという考え方に基づいて、わかりやすい解説とたくさんの練習問題とを掲載しています。

技能編　第5回　意味の限定

次の文はどういう意味だと思いますか。

> このはしをわたるべからず。

一つの文でありながらいろいろな意味に受け取られてしまう文のことを、「あいまいな文」と呼びます。上の例文では、「はし」の部分に二つの漢字を当てはめることができます。それぞれ漢字を当てはめてみると、次のようになりますね。

> この橋を渡るべからず。
> この端を渡るべからず。

この例文は一休さんのとんち話で有名な文です。とんち話に使うのであれば便利なのですが、一般社会でこのようなあいまいな文を書いてしまうと、相手に誤解されてしまう場合があります。そのようなことがないように、しっかりと練習していきましょう。

次の文は読点（「、」）の打ち方によって読み方や意味が違ってきます。打ち方を変えて二通りの文を作りましょう。

> ここからはきものをぬぎなさい。

この例文は、**知識編**でとりあげている「仮名づかい」の応用問題になります。読点をどこに打つかによって言葉の切れ目が変わりますので、それによって意味が違ってきます。例文ではもちろん、「は」が問題となります。「は」の部分を[ha]と読むか、それとも[wa]と読むかで、意味が違ってきます。

> ここから、はきもの（履き物）をぬぎなさい。[ha]
> ここからは、きもの（着物）をぬぎなさい。[wa]

次の文は読点の打ち方によって読み方や意味が違ってきます。打ち方を変えて二通りの文を作りましょう。

> 太郎は自転車で逃げたどろぼうを追いかけた。

前の例文と同じように、読点をどこに打つかによって意味が変わってしまう、あいまいな文です。しかし、前の例文が「仮名づかい」の問題と関連していたのに対して、この例文は、言葉の修飾の仕方が問題となっています。この文では、二人の人物が登場しています。「太郎」と「どろぼう」ですね。それでは、「自転車」に乗っているのは、「太郎」でしょうか、それとも「どろぼう」でしょうか。読点のないこの文を読んだだけではわかりま

せんね。そこで読点を打って、「自転車」に乗っているのが「太郎」なのか「どろぼう」なのか、わかる文にするのです。「自転車」の前で読点を打てば、乗っているのは「どろぼう」になり、「自転車」の後で読点を打てば、乗っているのは「太郎」になります。

> 太郎は、自転車で逃げたどろぼうを追いかけた。（自転車に乗っているのはどろぼう）
> 太郎は自転車で、逃げたどろぼうを追いかけた。（自転車に乗っているのは太郎）

それでは、次の文はどういう意味でしょう。

> 二人の男の子と女の子。

句読点を打つだけでは意味を一つに決めることができない種類の問題です。自分で言葉を補って、意味を一つに決めなくてはいけません。この例文で問題になるのは、男の子と女の子を合わせると結局何人になるのか、ということです。さて、何人でしょうか。ここでは、「二人の」という部分が、どの部分を修飾するかで意味が変わります。

> 一人の男の子と、一人の女の子。（合わせて二人）
> 二人の男の子と、一人の女の子。（合わせて三人）
> 二人の男の子と、二人の女の子。（合わせて四人）

このように、修飾の仕方がはっきりしない文も、あいまいな文になります。

練習問題

1 次の文について、意味が一通りになるように、句読点・カッコや言葉を補いながら二通りに書き直しましょう。

1. 彼女の目に鮮やかなシャツが印象的だった。

2. その後妻と話をした。

3. 来月のテストはやめてください。

4. 私の歌で悩んでいる人を幸せにしたい。

5. 美脚整体師求む。

2 次の文はあいまいな文です。意味が一つに決まるように、二通りに書き直しましょう。

1. しっぽの長い犬と猫がいる。

2. 私は伊藤さんと鈴木さんの家を訪ねた。

3. 先生と生徒三人が風邪で休んでいる。

4. 一郎は今手術をしている。

5. 彼と同じくらいその人が好きです。

6. あなたはその試験を受けられますか。

7. 次郎が好きな女の子があそこに立っている。

8. 結婚したい男。

9. 高橋さんと田中さんの妹が大学時代に友達だった。

10. 花子さんの双子の妹の月子さんが結婚した。

11. 君だけが敵ではない。

12. 同じ部署の課長と係長が結婚した。

13. どんな男の子でもよい。

14. 落合君は星野君のようにまわりの評価に左右されない人だ。

技能編　第6回　言葉の順序

次の文はどういう意味でしょう。

> けっこう、大きな美術館をゆっくりと時間をかけて回るのも、楽しいものである。

この文では、「けっこう」のあとに読点が打ってあるので、「けっこう」は「大きな美術館」にかかるのではないことは一応わかります。では、「けっこう」を受けるのはどこでしょうか。この場合は、「楽しいものである」ですね。よく考えるとこの「かかる」「受ける」の関係はわかるのですが、このように**かかる**言葉と**受ける**言葉との間が離れすぎてしまっていると、なんだか読んでいてわかりにくい文になってしまいます。

> 大きな美術館をゆっくりと時間をかけて回るのも、**けっこう** 楽しいものである。

かかる言葉と受ける言葉は、近くにあるほうがわかりやすい文になることが、よくわかりますね。読点の位置だけでなく、言葉そのものの位置にも気を付けることが必要です。

それでは次に、1匹の猫を思い浮かべてみましょう。頭の中に思い浮かべられた猫の特徴は人それぞれ違うはずです。その猫がどのような猫なのかを他人に説明するとします。例えば、次のような性質を持った猫だとしましょう。

> 白い猫
> 縁側で眠るのが好きな猫
> かわいらしい猫

並べ方の可能性としては、次の6パターンがあります。

> A　白い／縁側で眠るのが好きな／かわいらしい
> B　白い／かわいらしい／縁側で眠るのが好きな
> C　縁側で眠るのが好きな／白い／かわいらしい
> D　縁側で眠るのが好きな／かわいらしい／白い
> E　かわいらしい／白い／縁側で眠るのが好きな
> F　かわいらしい／縁側で眠るのが好きな／白い

Aでは「縁側」が「白い」、Fでは「縁側」が「かわいらしい」、B・Eでは「縁側」が「白い、かわいらしい」と誤解されるおそれがあります。それは、本当は「猫」にかかるべき「白い」「かわいらしい」が、間に「縁側」という言葉が入ったせいで、「猫」ではなく「縁側」にかかるような印象を与えてしまうためです。そこで、

- 30 -

```
C  縁側で眠るのが好きな白いかわいらしい
D  縁側で眠るのが好きなかわいらしい白い
```
＋ 猫

とすると、もっとも誤解を招くことの少ない表現になりますね。このように、並べる順序によって「かかる言葉」と「受ける言葉」との関係が左右され、誤解されやすくも、わかりやすくもなります。

さて、それではこのような並べる順序が問題になる文を書く場合に、何かよい方法はないのでしょうか。実は、二つの規則を覚えておくと、簡単に順序を決めることができます。

```
規則1：長いものを先に、短いものを後にする。
規則2：節を先に、句を後にする。
```

「節」とは述語を含んでいてそれだけで文にできるもの、「句」とは述語を含んでいないのでそれだけでは文にできないもののことです。

実際に猫の文について**規則1**を当てはめてみると、「縁側で眠るのが好きな」「かわいらしい」「白い」という順序になります。これはDの文なので正しい文です。また、**規則2**を当てはめてみると、「節」は「縁側で眠るのが好きな」だけなので（「縁側で眠るのが好き（だ）」という文にできるので「節」です）、この部分を一番先にすると、Cの文とDの文になり、やはり正しい文になっています。

このように、まずは二つの規則を当てはめてみるとよいでしょう。ただし、複数の「節」がある時などは規則通りにいかない場合もあるので、読み直して確認することは必要です。

練習問題

1 次の文は、かかる言葉と受ける言葉との間が離れすぎていて、わかりにくい文になっています。順序を入れ替えてわかりやすい文に直しましょう。

1. 私はとても、去年の研修旅行はひどい天候になってしまったので、今年の研修旅行を楽しみにしている。

2. 彼はかなり、子どもの頃の食習慣のせいなのだろうか、仲の良い友達の間でも、食べ物の好き嫌いが多いほうだ。

3. おそらく、その飛行機事故の原因は、当初報道されていたエンジントラブルなどの機体の故障にあるのではなく、パイロットの不注意によるものではないかと考えられている。

4. 近頃ではよく、映画の上映中や芝居の公演中にも関わらず、バリバリお菓子を食べる人は見かけなくなったが、その代わりに平気で携帯電話を鳴らす人を見かけるようになった。

5. 残念ながら、予選を順調に勝ちあがり、決勝でも試合の前半を有利に進めていたにも関わらず、つまらないミスから後半に逆転を許してしまい、悔しい結果となってしまった。

2 語群の中の言葉はすべて「　」の付いた言葉にかかります。もっともわかりやすい形に並べ替えましょう。

1. 「列車」
   語群｛青い・カモノハシのような流線型の・大勢の乗客で混雑した｝

2. 「帰る」
   語群｛学校から・好きなテレビ番組を見るために・友達の誘いを断って・急いで｝

3. 「振った」
   語群｛手を・笑いながら・歩道を歩いている友人に・彼は｝

4. 「認められていない」
　　語群｛法律上・様々な問題があるにも関わらず・夫婦が別々の姓を選択することは・現在の日本では｝

3 次の語群の中の言葉をわかりやすく並べ替えましょう。

1. 語群｛信用は・傷つけられた・その大学の・激しく・地域社会において・長い時間をかけて作り上げられた・一人の教授の犯罪行為によって｝

2. 語群｛ゆっくりと・台風が・最大風速30メートルの・小笠原諸島南方から北上してきた・日本列島の上空を・北東の方角へ・1時間に50ミリの激しい雨をもたらす・平均時速約15キロで・通過中だ｝

3. 語群｛地球規模でクローズアップされている・UVカット商品を・新しい成分を配合した・発売している・各化粧品会社は・競いあうように・害から肌を守るために・紫外線の｝

---

　　　　　　tea break　　もっと勉強したい人へ

表現の工夫について、もっと詳しく考えてみたいという人には、本多勝一氏の『日本語の作文技術』（朝日文庫）をお薦（すす）めします。この本では、日本語を英語などに比して非論理的な言語だと考えるような俗論を退け、わかりやすい日本語を書くにあたっての役に立つテクニックが、新聞記者らしい簡潔な文体で説明してあります。本テキストも、本多氏の著書から多大な恩恵を受けています。

技能編　第7回　**定義・分類の表現**

この回では、定義の表現の他、説明をするときに便利な表現を取り上げていきます。

> A　<u>小学校</u>（X）は、<u>満6歳から12歳の児童に初等教育を施す学校</u>（Y）である。
> B　<u>小学校</u>（X）は、<u>さまざまな個性を持つ子どもの集まるところ</u>（Y）である。

A、Bは、どちらも「XはYである」という文型を使い、小学校について述べています。しかし、Yの部分に入っているものに少し違いがあるようです。XとYに入っている内容を入れ替えてみましょう。

> A'<u>満6歳から12歳の児童に初等教育を施す学校</u>（X）は<u>小学校</u>（Y）である。
> B'<u>さまざまな個性を持つ子どもの集まるところ</u>（X）は<u>小学校</u>（Y）である。

XとYの内容が一対一の関係で対応する場合、AをA'のように入れ替えても文意は変わりません。これに対し、BとB'を全く同じ意味として理解するのは少し難しいですね。B'の文を読むと、「さまざまな個性を持つ子どもの集まるところ」には小学校以外の場もあるのではないか、と感じてしまいます。「小学校」と「さまざま……集まるところ」が厳密に一対一で対応する関係でなく、「小学校」とその特徴の一面というゆるやかな結びつきだからです。

Aのようにある事柄や用語を取り上げ、その意味を正確に示すことを「**定義**」といいます。Bのように、ある事柄や用語について、その意味をわかりやすく示したり、性質・機能・特徴などを取り出して述べることを「**説明**」といいます。

1. 定義の表現
定義によく用いられる表現には、次のようなものがあります。

> ①携帯電話　は／とは　持ち運び可能な小型軽量電信通話装置　である。
> ②持ち運び可能な小型軽量電信通話装置　を　携帯電話　と　言う／呼ぶ／定義する。
> 　　持ち運び可能な小型軽量電信通話装置　は　携帯電話　と　言われる／呼ばれる／定義される。
> ③携帯電話　とは　持ち運び可能な小型軽量電信通話装置　（のこと）を指す。
> ④携帯電話　とは　持ち運び可能な小型軽量電信通話装置　とされる。

2. 性質・機能・特徴を述べる表現
説明によく使われる表現（性質・機能・特徴を述べる表現）を、次の囲みにまとめました。定義の例文と比較して、違いをもう一度確認してください。⑤では携帯電話の機能という一側面を取り出して示しています。また、①から④では、その性質や特徴を述べたり、「便利」など価値判断などを示していますね。

> ①携帯電話 は 現代生活に欠かせない便利な機械 である。
> ②携帯電話 とは どこにでも持ち運べる便利な電話 のことである。
> ③携帯電話 は 国民の3人に1人が持っている と 言う／言われる。
> ④携帯電話 は 現代生活に必要だ と 考えられる／される。
> ⑤携帯電話 には メモリ登録・着信履歴などの記憶機能 が ある。

3．分類する表現

> 外国語の能力を測る検定試験は、試験方式により「級別式」と「スコア式」の2種類に分かれます。級別に試験を実施し、その合否によって能力を判定するタイプを「級別式」といいます。一方、全受験者が同じ問題に取り組み、正解した問題の総点（スコア）によって能力を判定するのが「スコア式」です。英語を例にすると、級別式には実用英語技能検定（英検）があります。TOEIC、TOEFLはスコア式の一種です。

上は外国語検定について説明した文章です。「試験方式」という観点を定め、二つのグループに分けたことで、検定一般をひとまとめにして述べるより、きめ細かい叙述ができました。このように、事柄を何らかの基準にしたがってグループ分けすることを「**分類**」といいます。上の文章の中で、下線を付けたものが分類の表現です。
分類と、それに関わる表現を以下に挙げます。

> ①米 は 粒の形 により インディカ種、ジャポニカ種、ジャバニカ種 に分けられる。
> ②穀物 は 人が主食とする作物 の総称である。
> ③米 は 穀物 の一種である。

4．例を挙げる表現

「穀物は人が主食とする作物の総称である。」と、「穀物は人が主食とする作物の総称である。穀物の例には、米・豆・麦が挙げられる。」を較べてみてください。後者のほうが具体的なイメージが浮かび、わかりやすいですね。説明するとき、適切な**例を挙げる**ことで、読者にわかりやすく伝えることもできます。
下が、例を挙げる表現の代表的なものです。

> ①穀物 には、 たとえば 米・大麦・小麦 などがある。
> ②たとえば、米麦・アワ などが 穀物 に 入る／あたる／該当する。

5．状況を述べる表現

次に、**状態・状況**を述べる場合に使う表現を見ていきましょう。

> ①携帯電話 は 国内で1億台近く普及し ている。
> ②米 は 主に東南アジアを中心に栽培さ れている。

例文のうち、下は「〜（ら）れている」の形を取る、事柄に焦点をあてた受身文です。この文型は一般性を要求される文章に適しています。また、すでによく知られているような日常的・一般的事実を伝える場合にもよく使われます。→第3回

5．経過を述べる表現

4の**状況を述べる**表現は、時間を表す表現を伴って、ある時点での状況を示すこともあります。それをいくつか連続させると、**経過を述べる**表現になります。

> 電気の存在は紀元前7世紀には人々に知られていた。その後1752年、アメリカのフランクリンが、有名な凧（たこ）の実験で雷を電気だと証明した。1971年、イタリアのガルバーニは動物電気について発表した。カエルの体は電気を作る性質があるという主旨だ。これらの研究から人々は次第に電気に関心を持つようになった。そして1800年、ボルタはカエルが電気を作るのではなく、ガルバーニがカエルの体に当てた2種類の金属が電気を作っていたことを明らかにした。それは電池の発明につながった。やがてエジソンが発電所を発明し、便利な電化製品が普及するにつれ、電気は家庭で使われるものとなっていった。このようにして、電気は生活に不可欠なものになっていったのである。

状況を説明する場合でも、時間の経過に伴って大きく事態や状況が変わるときには、上の文章のように、時間の経過を軸に説明を進めるとわかりやすく伝えられます。

時間の経過を表すに、よく使われる表現を下に抜き出してみます。

> ①1752年、アメリカのフランクリン が 雷を電気だと証明し た。
>   1752年、（アメリカのフランクリンによって） 雷 が 電気だと証明さ れた。
> ②人々 は 次第に電気に関心を持つ ようになった。
> ③電化製品の普及 に つれ／したがって、電気は家庭で使われるものとなっ ていく／てくる。
> ④このようにして、電気 は 生活に不可欠なものになっ た／てきた／ていく／ている。

④は、経過を説明してきたそれまでの話を受け、文章をまとめるとき、使われます。

練習問題

1 次の文章には「定義・用語に対する説明」の表現と「分類」の表現が含まれています。「定義・説明」を表す文には傍線を、「分類」を表す文には波線を付けてみましょう。

> 　印刷には、凸版、凹版、平版、孔版の四つの版種がある。凸版とは、インクが付く所以外を削り落とした版のことで、飛び出したところにインクを付けて紙に転写する印刷のことである。活版印刷は凸版印刷の代表で、一昔前の書籍や新聞は活版印刷であった。印鑑や芋版も凸版で、非常になじみのある版種である。
> 　凹版とは、窪んだ所にインクを入れ、版と紙とを圧着して行う印刷のことである。凹版は非常に細かな印刷が可能な印刷方法で、身近なところでは、紙幣の印刷が凹版で行われている。エッチングを代表とする銅版画も凹版である。写真のような濃淡のある階調表現を印刷することができたグラビアも凹版である。一昔前の週刊誌などでは、写真ページはグラビア印刷で、本文は活版印刷でそれぞれ印刷されていた。
> 　平版は、版自体に凹凸はなく、化学作用で水をはじくところと水を留めるところに分離された版である。水をはじくところにインクが乗り、水を留めるところはインクが付かないことによって印刷をする。平版にはオフセットとリトグラフ（石版画）がある。一般的な紙への印刷のほとんどはオフセットで印刷されている。
> 　孔版とは穴のあいたところのある版種のことで、スクリーンプリントというのがその代表である。かつてはシルクスクリーンと呼んでいた。具体的には、シルク（現在はテトロンを利用）布地に織り目を塞いだ部分を作り、片面からインクを擦り込むと片側にインクがしみ出すことにより印刷をする。服地やカーテンなどプリント布地の印刷や、着物や浴衣の捺染は孔版である。プリントごっこや昔の謄写機も孔版である。
> 　　　　　　　　　　　　　　　木村浩『情報デザイン入門』（筑摩書房、2002）
> 　　　　　　　　　　　　　　　設問の都合により、文章の一部を改変しています。

2　空欄を自由に補って、次のものを説明してみましょう。

1. ボールペン

　　ボールペンとは、＿＿＿＿＿＿＿＿＿＿＿＿＿＿＿＿＿＿＿＿＿＿＿＿＿＿＿である。

　　ボールペンには、＿＿＿＿＿＿＿＿＿＿＿＿＿＿＿＿＿＿＿＿＿＿＿＿＿＿＿がある。

　　ボールペンは、＿＿＿＿＿＿＿＿＿＿＿＿＿＿＿＿＿＿＿＿＿＿＿＿＿＿＿＿使われる。

2. 交通機関

　　交通機関とは、＿＿＿＿＿＿＿＿＿＿＿＿＿＿＿＿＿＿＿＿＿＿＿＿＿＿＿＿である。

　　交通機関には、＿＿＿＿＿＿＿＿＿＿＿＿＿＿＿＿＿＿＿＿＿＿＿＿＿＿＿＿がある。

　　交通機関は、＿＿＿＿＿＿＿＿＿＿＿＿＿＿＿＿＿＿＿＿＿＿＿＿＿＿＿＿とされる。

3. マス・メディア

    マス・メディアとは、_____である。

    マス・メディアには、_____がある。

    マス・メディアは、_____と言われる。

4. バリアフリー

    バリアフリーとは、_____である。

    バリアフリーには、_____がある。

    バリアフリーは、_____。

3 次の文章を読んで、1では「フラクタル」を、2では「ファジー」をそれぞれ定義し、説明してみましょう。

1. フラクタル

> 1970年代に、自然の海岸線や樹木の形等のシミュレーションとしてマンデルブローらにより考えられた数学的概念である。目的の図形のどんな小さな部分をとっても全体と自己相似になっている状態を指す。その複雑さはフラクタル次元で表される。コンピューターを用いての縮小的関数の繰り返しにより、シダの葉や樹木や雪の結晶などの複雑な図形が得られる。すでにコンピューターによる省力的な画像通信への応用が研究開発されている。　（黒木哲徳「数学にふれるやさしいキーワード五十」＊）

_____

_____

_____

2. ファジー

> カリフォルニア大学のザデーにより提唱された概念で、これまでは YES、NO の２値しかなかった判断に対して、たぶんやだいたいといったあいまいな形での思考や判断を定量化するための理論である。熟練者の持っている経験や勘をファジー理論を使って、コンピューターに取り込んで実用化されているものは多い。たとえば、冷暖房のような家電製品をはじめ、仙台の地下鉄の自動制御などにも取り入れられている。
> 　　　　　　　　　（黒木哲徳「数学にふれるやさしいキーワード五十」＊）

_____

_____

_____

_____

　　　　　　＊は AERA Mook『数学がわかる。』（朝日新聞社、2000）に拠りました。

4 下表から内容をいくつか選択して、状況や経過を述べる文章を書いてみましょう。

1957年頃	「天むす」の原形ができ上がる
	三重県津市の天ぷら屋「千寿」が海老天をおにぎりに入れ、まかない料理にする。
	その料理の評判がよく、その後「天むす」の名で店の正式メニューに加える。
1980年	「千寿」から暖簾(のれん)分けをした店が名古屋市に出店
	テレビタレントの間で名古屋土産として評判になり始める。
1990年頃	「天むす」が名古屋名物として定着
	「千寿」が「元祖天むす」の登録商標を取得

_____

_____

_____

_____

_____

技能編　第8回　比較・対照する表現

次の文章は、すき焼きに関する文章です。関東風と関西風とでは料理方法がどのように違うのかを確認しながら、読んでみましょう。

スキヤキは、肉や野菜を、焼く料理か、それとも煮る料理か？
これはスキヤキの本質に関わる問いである。漢字では「鋤焼」と書き、鋤の上で肉、野菜を焼いたのが始まりだといい伝えられているから、焼く料理かと思えば、火にかけられた鍋の中ではどう見ても、肉や野菜が煮えている。牛肉や豆腐に、おまえは焼かれているのか、煮られているのか、と聞いても、答えは決まっている。
——　食われているのだ。
腹に入れば、どっちでも同じだ、という前に焼くと煮るを使い分けてみよう。スキヤキは大きく二つの流儀に分けられる。関東風と関西風である。前者は割り下で煮る。後者は焼いて、砂糖と醤油を絡める。いずれの方法も水は使わず、野菜から出る汁で、最終的には煮られる状態になる。ただ、関西風の場合は熱した鉄鍋に牛脂を塗りつけ、肉を焼くところから始める。初めに砂糖を振りかけ、肉のまわりに甘い膜を作り、その後に醤油を加える。野菜や豆腐、白滝など水気の多いものを加えると、それらは照り焼き状態になり、同時に余分な水分を吐きだして、濃いたれを薄めるのである。関東風は肉を鉄鍋に並べたら、すぐに割り下を注ぐので、最初から煮られる状態になる。
私は長らく関東風ばかり食べていたが、関西風の方が心持ち肉が軟らかく感じるので、割り下を使うのはやめてしまった。しかし、溶き卵に肉をくぐらせて食べる関東風の流儀はそのまま残した。

（島田雅彦「スキヤキについて」『朝日新聞』2000年2月12日）

すき焼きについて、関東風と関西風とで同じところと違うところが挙げられています。こうした「**共通点**」と「**相違点**」とを伝える場合、次のように表現することができます。

関東風と関西風 は 料理法 に 違いがある。
関東風と関西風 は 料理の第一段階 において 相違点がある。
関東風と関西風 は 最終的に肉を煮る 点で 同じである。
関東風と関西風 は 溶き卵の有無という食べ方 の面で 異なる。
関東風と関西風 には 割り下の有無 という 相違点 が ある。
関東風は、関西風 と同様に、水を使わない料理法である。

さらに、関東風と関西風とは、「**共通点**」と「**相違点**」とによって説明できるだけでなく、「**比較**」あるいは「**対照**」することで、その差異を明らかにすることもできます。

```
関東風 は 関西風 より 調味料の加え方が簡単である。
関東風 と 関西風 (と) を較べると 関西風 のほうが 肉が軟らかく感じる。
関東風 は 最初から割り下で煮る。それに対して、関西風は肉を焼くところから始める。
関東風 が 食べるときに溶き卵に肉をくぐらせる のに対して、関西風はそのまま食べる。
```

さて、みなさんが授業やゼミで接する資料には、図表が含まれていることもありますね。次の新聞記事を読んで、内容をどのように表現することができるか、考えてみましょう。

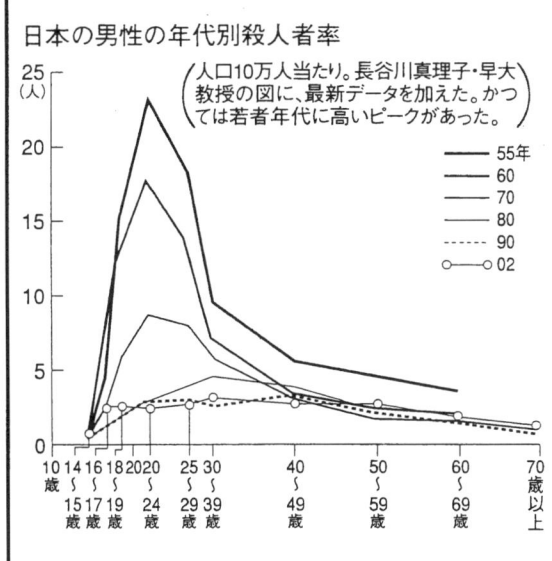

日本の男性の年代別殺人者率
人口10万人当たり。長谷川真理子・早大教授の図に、最新データを加えた。かつては若者年代に高いピークがあった。

「日本の若者は、おそらく世界一、人を殺さない若者だ」。進化生物学の立場から殺人の研究をしている長谷川真理子・早大教授はいう。

酒鬼薔薇（さかきばら）を名乗る中学生の神戸事件。21歳の若者による京都市の小学校の児童殺害事件。若者による殺人事件は近年、凶悪化し、増えている印象が強い。

しかし、過去40年、数だけみれば若者の殺人は急激に減り続けてきた。犯罪精神医学の影山任佐（じんすけ）・東工大教授も以前から注目してきた。「これは欧米にもアジアにもない、日本特有の現象だ」という。

世界保健機関の最新のデータ（99年）によれば、日本の殺人被害者は人口10万人当たり0.6人で、主要国の中では最も少ない。

フランス、英国、ドイツよりも少ないし、オランダやスウェーデンの半分にすぎない。米国と比べれば約10分の1だ。

一方、殺人者の出現率も1.1人（02年、人口10万人当たり、未遂を含む）で、最低レベルになっている。

先進工業国の中で極めて殺人者率が高い米国の研究者は、日本をうらやむ。影山さんによれば、ドイツには「日本では、なぜ殺人が起こるのかということより、なぜ起こらないかを研究した方が良い」と書いた犯罪学の教科書まであるという。

とはいえ、日本も昔からこんなに殺人が少なかったわけではない。第2次大戦中を除いて、戦前も戦後も、殺人者率は3〜4人を中心に上下していた。それが、1950年代末から急に減り始め、90年代までにほぼ1人になった。これだけでも世界的に十分珍しいのだが、この減少に最も寄与したのが、戦後生まれの若者たちだったということが日本の大きな特徴だ。

古今東西を問わず、殺人は20代前半の男性が最も犯しやすい。人生の中で最も血気

盛んな時期。目が合ったとか、メンツをつぶされたとか、「ささいなことから口論となり」という常套句(じょうとうく)がぴったりのようなつまらない理由から、しばしば人を殺してしまう。

　この年代の殺人者率は、55年はほぼ23人だった。それが年々減り、90年以降は2人前後で推移している。40年間でざっと10分の1になった。

　一方、中高年の殺人は若者たちほどには減らなかった。このため90年代半ばには、30代〜50代の中年男性の方が20代前半の男性より殺人者率が高くなってしまった。

　私もその一員である現在の50代、つまり団塊の世代に代表される男たちは、殺人の面では20代前半の男たちより血気盛んということになる。

　長谷川さんは「殺人者率が全体として低い国でも、若者の殺人者率はそれなりに高い。外国の詳しいデータがないので確かめられないが、若者の殺人者率の山がなくなってしまった国は、日本以外にはないと思う」という。

　小柳武・法務省法務総合研究所総括研究官は「殺人はエネルギーがなければできない犯罪だ」という。

　同研究所の02年版犯罪白書をみると、若者の暴行、傷害、強姦などの犯罪率も、昔と比べて激減している。総じて、暴力犯罪のエネルギーが少なくなっているといえる。

　不登校、引きこもり、いじめなど、新たな問題が生じているじゃないかという指摘もあろう。

　それでも、殺人を頂点とする暴力犯罪を数字の上で急激に減らしているということは、今の若者たちの大きな長所なのである。

（編集委員・内山幸男「こんな私たち白書⑤」2003年4月4日『朝日新聞』）

グラフと文章によって示された情報をもとに、「**数量**」を次のように表現することができます。

日本の若者による殺人事件 は、2002年 より 1955年 （のほう）が多い。
1955年、日本の20代前半男性の殺人者率 が ほぼ23人 に 達した／及んだ／上った。
1960年、日本の20代前半男性の殺人者率 が 15人 を 超えていた。
1970年、日本の20代前半男性の殺人者率 が 10人 を 切った／割った。
2002年現在、日本の男性は、30代の殺人 が 20代前半の殺人 を 上回っている。

また、「**変化**」については、次のように表現することができます。

1950年代以降、日本の若者の殺人は、急激に減少している。
この40年間で、日本の若者の殺人者率は、ざっと 10分の1に低下した。
現代日本の男性の殺人者率 は、20代前半から50代まで、ほぼ横ばい の傾向にある。

練習問題

1 次のA・B・Cの情報から、共通点／相違点、比較、対照の文型を使って、それぞれ4つの文を作りなさい。

A　ウインドウズ　― 一般の人々や企業に好まれる／対応ソフトが多い
　　　　　　　　　／マイクロソフト社製／実用性が高い
　　マッキントッシュ― コンピューターのプロに好まれる／画像・音声処理に長ける
　　　　　　　　　／アップル社製／スタイリッシュ

- _____

- _____

- _____

- _____

B　太郎 ― 身長170cm／体重100kg／兄弟2人（弟・弟）／積極的な性格
　　次郎 ― 身長188cm／体重88kg／兄弟3人（兄・弟・弟）／消極的な性格

- _____

- _____

- _____

- _____

C　和食 ― 高齢者に人気がある／魚・野菜を中心とする／米が主食／高タンパク
　　　　　低カロリー
　　洋食 ― 若者に人気がある／肉を中心とする／小麦が主食／高タンパク高カロ
　　　　　リー

・_____
・_____
・_____
・_____

2 次の資料A・Bからわかることを、共通点／相違点・比較・対照の文型を使って、それぞれ5点、書き出してみましょう。

A 性別にみた主な介護者と要介護者等の状況　（単位：％）

主な介護者が女（72.2％）　― 女の要介護者（42.9％）
　　　　　　　　　　　　　― 男の要介護者（29.2％）
主な介護者が男（19.5％）　― 女の要介護者（17.3％）
　　　　　　　　　　　　　― 男の要介護者（2.2％）
性別不詳　　　　（8.3％）

男の要介護者等 2.2　生別不詳 8.3　（単位：％）
女の要介護者等 17.3
主な介護者男 19.5
主な介護者が女 72.2
男の要介護者等 29.2
女の要介護者等 42.9

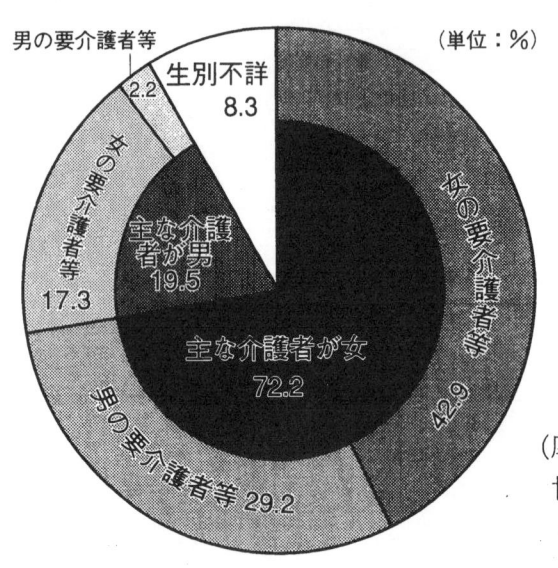

（厚生労働省「介護サービス世帯調査」平成12年）

・_____
・_____
・_____

- 44 -

-
  _____

-
  _____

B　5月1か月間の平均読書冊数の推移

第48回読書調査（平成14年6月調査、毎日新聞社、社団法人全国学校図書館協議会）

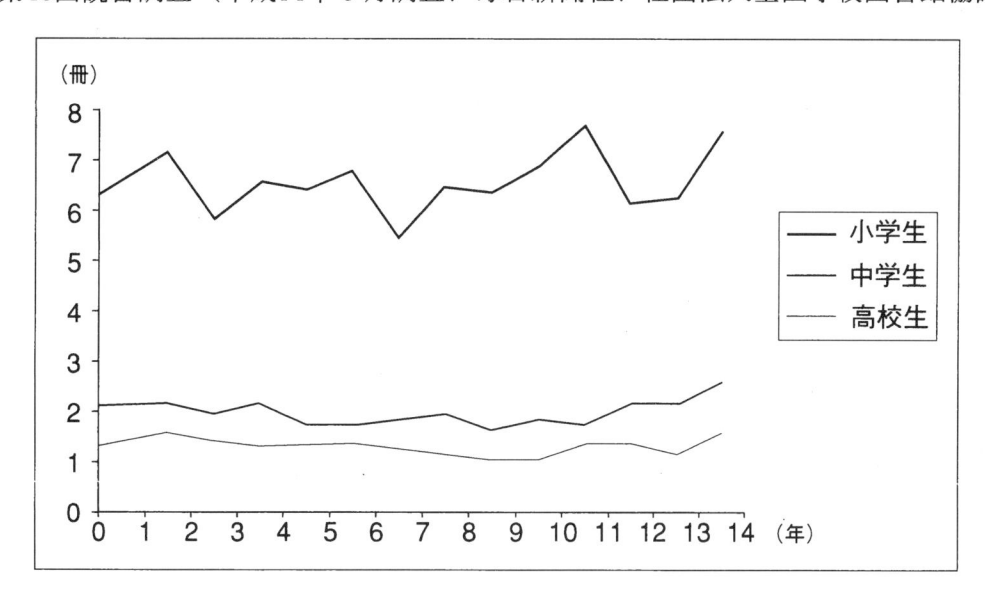

（単位：冊）

平成	H1	H2	H3	H4	H5	H6	H7	H8	H9	H10	H11	H12	H13	H14
小学生	6.3	7.1	5.6	6.5	6.4	6.7	5.4	6.4	6.3	6.8	7.6	6.1	6.2	7.5
中学生	2.1	2.1	1.9	2.1	1.7	1.7	1.8	1.9	1.6	1.8	1.7	2.1	2.1	2.5
高校生	1.3	1.5	1.4	1.3	1.3	1.3	1.2	1.1	1.0	1.0	1.3	1.3	1.1	1.5

（教育白書）

-
  _____

-
  _____

-
  _____

-
  _____

-
  _____

技能編　第9回　## 列挙・順序・因果関係の表現

ある程度の長さの文章を書く場合には、何かを説明するための表現方法が必要になります。今回は、出来事の経過（起きたことの順序）を説明する時に使う表現と、出来事の因果関係（起きたことの原因と結果）を説明する表現とを練習します。

　昔、裕福な一家がいました。家族は、お父さんとお母さんと娘の3人で、仲良く幸せでした。しかし、ある時お母さんは病気になり、娘に「私のお墓の上に木を植えて大切にして」と言い残して亡くなりました。

　しばらくしてお父さんが新しいお母さんを連れてきました。新しいお母さんには娘より年上の女の子が二人いました。娘は家族が増えて、始めは喜びましたが、実はこの継母と姉二人は意地悪でした。自分たちは贅沢をして、娘にはぼろぼろの服を着せて仕事ばかりさせました。娘は寝るところももらえずしかたなく暖炉の灰の上で寝ました。すると継母たちは娘をシンデレラ（灰かぶり）と呼ぶようになりました。

　ある日、お城で王子様のお妃選びのための舞踏会が開かれることになりました。継母は、着飾った姉たちだけを連れてお城へ行き、シンデレラには台所の仕事を命じました。シンデレラが寂しく仕事をしていると、白い鳩がやってきて「亡くなったお母さんのお墓の木にお願いしてごらん」と言いました。シンデレラが木にお願いすると**（馬車、ガラスの靴、ドレス、髪飾り、ネックレス）が出てきました。**
「舞踏会へ行っておいで。でも、12時には必ず帰って来るんだよ」。鳩の言葉に見送られて、シンデレラはお城へ出かけて行きました。

　お城の王子様はシンデレラのことをすっかり気に入り、二人は楽しく踊りました。あまりに楽しかったので、シンデレラは12時の鐘が鳴るまで時間のことを忘れていました。鐘に気づいて急いで帰ろうとしたシンデレラは、とても慌てていたので、ガラスの靴を片方落としてしまいました。

　王子様はその靴を家来に持たせて町を回らせ、町中の娘に靴を試させました。どうしてもシンデレラを探し出し、お妃にしたかったからです。家来がシンデレラの家に来たとき、姉たちは無理矢理に靴を履こうとしましたが、合いませんでした。シンデレラが履いてみるとぴったりでした。シンデレラはお城へ迎えられて幸せになりました。

これは、有名なグリム童話「シンデレラ」のあらすじです。この文章を題材に、出来事の経過や因果関係を説明する表現とはどういうものか、考えてみましょう。

1. 物事を列挙する

（　）の部分に挙げてあるのは、シンデレラが木からもらった物です。この言葉を使って、「シンデレラがもらったものは何か」を説明するとしたら、例えば次のようになります。

A　シンデレラが木からもらったのは、馬車、ガラスの靴、ドレス、髪飾り、ネックレスである。

もちろん、これでも十分わかります。では、このようにするとどうでしょう。

> B　シンデレラが木からもらったのは、馬車、ガラスの靴、ドレス、髪飾り、ネックレスの<u>以上5品</u>である。
> C　シンデレラが木からもらったのは、<u>第一に</u>ガラスの靴、<u>第二に</u>ドレスと髪飾りとネックレス、<u>第三に</u>馬車である。

Bの場合は、「以上5品」という全てを数えた説明を加えています。また、Cでは、「第一に〜第二に〜」という表現を使って、話のポイントになる品である靴、それ以外の身の回りの品複数、それから移動するための手段である馬車、というように、品物を分類したり、まとめたりして説明しています。Aに較べて、「何を重要なこととして説明したいか」が付け加えられた表現と言えます。

2．順序を示す

では、次はどうでしょう。

> D　シンデレラは、<u>まず</u>ドレスを、<u>次に</u>髪飾りを、<u>それから</u>ネックレスを木からもらった。<u>さらに</u>馬車をもらい、<u>最後に</u>はガラスの靴ももらった。

Dで使われている「まず〜、次に〜、それから〜、さらに〜、最後に」は、「シンデレラが何をもらったか」ということだけでなく、それを「どんな順序でもらったか」を示すものです。つまり、同じ「シンデレラが〜をもらった」という内容を持つ文でも、何を説明するかによって、使う表現が変わってくるわけです。シンデレラが何をもらったかだけを簡潔に説明するのならAやBの表現を、どんな物をもらったのかを分類するならCを、もらった時の経過（順序）を説明するならDのような表現になります。Dをもう少し簡単に、

> D'　シンデレラは<u>まず</u>ドレスを、<u>次に</u>髪飾りとネックレスと、<u>さらに</u>馬車とガラスの靴をもらった。

のように言うこともできます。
では、この部分について、物語の文章がどうなっているか、見てみましょう。

> きれいなシルクのドレスが落ちてきてシンデレラの肩にかかりました。驚いているとたくさんの宝石でできたネックレスがきらきらと落ちてきてその上に乗り、また髪飾りが頭の上に乗りました。シンデレラがそれらを持って家に戻ると、玄関の前には6頭立ての馬車まで用意されていました。鳩はガラスの靴を運んできて言いました。

- 47 -

3. 因果関係を説明する

あらすじの波線部を見てください。「シンデレラ」（灰かぶり）という名前の由来について書かれているところです。こういう「原因」と「結果」があることについては次のような様々な表現で説明することができます。

```
①        原因・理由                              結果
  E  娘が灰の上で寝るようになると、
  F  娘が灰の上で寝たことにより、
  G  娘が灰の上で寝たので（ため）、         継母たちから
  H  娘が灰の上で毎日寝た結果、                シンデレラと呼ばれるようになった。
  I  娘が灰の上で寝たのが原因（理由）で、
```

```
②        結果                              原因・理由
                                     J のは、灰の上で寝たから（ため）である。
                                     K のは、灰の上で寝たことによる。
  娘が継母たちから                     L のは、灰の上で寝たことに原因がある。
  シンデレラと呼ばれるようになった      M 原因（理由）は灰の上で寝たことにある。
                                     N 原因（理由）として、
                                        灰の上で寝たことが挙げられる。
```

一般的に日本語の文では、後半に述べられている＝重要と感じられる、ことが多いので、結果を中心に述べたい時は①を、原因を中心に述べたい時は②を使うようにします。

練習問題

1 次の文は、前回（第8回）の新聞記事を読んでわかることをまとめたものです。空欄に適切な表現を入れてみましょう。

1. 日本の若者は現在、報道などから受ける印象に反して、おそらく世界一、人を殺さないと言える。その根拠として、〔　　　　　　　　　　　　　　　　　　　　　　　　

　　　　　　　　　　　　　　　　　　　　　　　　　　　　　　　　　　　　　〕

の3点が挙げられる。

2. 日本の20代前半男性の殺人者率の推移を、その減少に注目してまとめると、〔　　　　　〕1955年には23人、〔　　　　　〕60年には18人、〔　　　　　〕70年には8人まで減少

- 48 -

し、〔　　　〕80年には2人になり、90年以降は2人前後のまま推移していることがわかる。

2 経過を説明する表現と、因果関係を説明する表現を使って、シンデレラのあらすじをもっと短く簡潔にまとめてみましょう。

_____
_____
_____
_____
_____

3 シンデレラのあらすじの二重波線部について、1. 結果を中心に述べる文、2. 原因を中心に述べる文をそれぞれ二通りずつ作りましょう。

1. _____
_____

2. _____
_____

4 例にならって、次の因果関係をそれぞれ二通りの文で表しましょう。

> **例** 原因：こたつでうたた寝をする　　結果：風邪を引く
> ・こたつでうたた寝をしたので風邪を引いた。
> ・風邪を引いたのはこたつでうたた寝をしたからだ。

1. 原因：周囲の理解が得られない　　結果：男性の育児休暇が取りにくい

_____
_____

2. 原因：観光客のマナーが悪い　　結果：立ち入り禁止の場所が増える

_____
_____

3. 原因：観測史上2番目の冷夏　　　結果：米・野菜などの不作

_____
_____

4. 原因：高齢者比率の増加と長引く不況　結果：年金制度に対する国民の不安感の強さ

_____
_____
_____
_____

5 次の文を読んで、後の質問に答えましょう。

>　一つのケーキを10人で分ければ、1人分は小さくなる。1日は24時間しかないので、一つの活動に時間を費やせば、他の活動はできなくなる。このような差し引き関係を「トレード・オフ」という。一生に使える時間とエネルギーをどのように配分するかを、進化生物学では「生活史戦略」と呼ぶ。人生とは、まさにトレード・オフの連続である。　　　　　　　　　（中略）
>　<u>日本は急速に少子化が進んでいる</u>①。その大きな要因として、将来人口推計などで取り上げられるのは、晩婚化である。確かに、晩婚化が起これば産子数は減る。しかし、早婚化がすぐに多子化をもたらすとは限らないように、晩婚化が少子化の主要な原因ではないだろう。
>　生活史戦略のトレード・オフを考えると、子どもの数が減る要因は、1人の子どもを育てるコストの大きさであるように思われる。
>　子どもの死亡率が下がれば、人々が「保険として」多めに子どもを持つ必要はなくなる。そして、高学歴、専門職の時代に入り、子どもの養育に多大な時間的、エネルギー的、心理的、金銭的コストがかかるようになれば、人々が現実に持つことのできる子どもの数は、当然のことながら減少する。人々が子どもをたくさん持ちたいと思っていた社会は、子どもの死亡率が高く、社会保障もなく、老後は子どもだけが頼りという社会だった。今やそんな時代は終わりを告げたのだ。
>　<u>ここで、「子どもが生まれれば〇万円支給します」などの金銭的援助を国がしても、たいした効果はないに違いない</u>②。なぜなら、子どもの養育には、そのような一時的な金銭補助ではとても解消できない、他のもろもろのコストが依然としてのしかかっているからである。
>　しかし、現在の日本では、この養育コストの上昇によるトレード・オフ以上に、子どもの数が減っているかもしれない。私は、それには、女性が興味や関心をどのように振り向けるかのトレード・オフが関係しているのではないかと疑っている。
>　戦前に代表されるような古いタイプの社会では、成人に達した女性が人生の時間と

エネルギーを費やすことができる対象は、基本的に結婚と子育てのみであった。社会的な権利を制限され、自由になる財産も持たない女性には、ほかの選択肢はなかった。女性が関心を持って、自分の持てる時間やエネルギーをどう振り向けようかと考えることのできる対象は少なかったのだ。

しかし、この20年ほどの間に、女性の社会的進出は、絵に描いた餅ではなくなったどころか、一部のエリート女性だけのものですらなくなった。多くの女性が自分で自由にできる財産を持つようになり、自分を磨き、楽しませることができるようになった。キャリアでも趣味でも、女性が興味を持って考えを傾け、自分の頭脳という有限な資源をそれらに向けるようになれば、当然ながら、子育てに対する興味の比重は減る。

子どもの数を増やしたいのであれば、まず、子どもの養育に伴う時間的、エネルギー的、心理的、金銭的コストを減少、または分散することである。しかし、両親も祖父母も、「生涯現役」で目いっぱい働いているような状態では、保育所の保育時間延長といったような案しか出てこない。これでは、子どもの福祉が無視されている。

<u>女性が人生で実現できることの選択肢</u>が増えた中で、子育てに対する関心の比重を
③
大きくするには、子育てが楽しく、子どもの将来が明るく感じられるような画期的な変化を起こさねばならない。それは、かなりな変革であるはずだ。

年金の支え手を増やすために子どもを持とうとする人などいない。新しい社会保障の実現は、少産少死で長寿を前提に、人生の喜びに関するトレード・オフ問題をどのように最適解決するかにかかっているのだろう。

(長谷川真理子「子育てという選択肢の比重」2003年7月6日『朝日新聞』)

1. 下線部①、「少子化が進んでいる」ことの要因として筆者が示していることを、全て挙げましょう。

2. 下線部②、「たいした効果はない」のはなぜでしょうか。その理由を本文中の言葉を使って答えてみましょう。

3. 下線部③、「選択肢」として考えられることを、全て挙げましょう。

技能編　第10回　**引用の表現**

自分以外の人の書いた文章を読んで、それを参考にしたり根拠として利用したりする場合には、「引用」のための表現が必要になります。ここでは様々な引用の方法を練習します。

1. 記号の使い方

他人の文を自分の書く文章に利用したいとき、もっとも多く使われるのが「　」（　）『　』などの記号です。

> A　夏目漱石（1867〜1916）の『吾輩は猫である』の冒頭は「吾輩は猫である。名前はまだない」だ。
> B　小学校の教員の62.7％は女性である。　（「データからみる日本の教育 2006年」文部科学省）

「」は主に文中の表現をそのまま使うときに、『』は書名や作品名を示すときに、（）は直前の内容に注意書き、但し書きを付けるときなどに使います。

2. 引用のルール

他人の文を自分の書く文章に利用したいときは、どのような形であれ、出典＝「誰の」「どの本（あるいは雑誌）に掲載の」「いつの」文章であるか、を明らかにするようにします。特に、レポートなどを書く場合にはこの原則は必ず守るようにします。

> C　　　殺人者率が全体として低い国でも、若者の殺人者率はそれなりに高い。外国
> 　　　の詳しいデータがないので確かめられないが、若者の殺人者率の山がなくな
> 　　　ってしまった国は、日本以外にはないと思う。
> 　　　　（長谷川真理子「日本の若者は殺さない」2003年4月4日『朝日新聞』）
>
> D　長谷川真理子は、「殺人者率が全体として低い国でも、若者の殺人者率はそれなりに高い。」と述べている。（「日本の若者は殺さない」2003年4月4日『朝日新聞』）
>
> E　長谷川真理子によれば、殺人者率について日本が諸外国と最も異なる点は、若者の数値が低いことである。（「日本の若者は殺さない」2003年4月4日『朝日新聞』）

Dでは、文章の表現をそのまま引用しているので、「」を使っています。Cも同様ですが、引用する文が長い時は、「」を使わず、改行して2字分下げて提示します。Eでは、出典の表現をそのままは使わず、自分の書く文章に合うように変えているので、C、Dのような方法を使いません。Eは文章の要約を示す場合などに多く用いられます。いずれの例でも（）を使って出典を明らかにしています。出典は、文章の末尾にまとめて示す場合、その都度示す場合など方法はいくつかあります。レポートや研究論文などの場合は、その専門領域によって出典や参考文献の明記方法に違いがあることが多いので、同じ分野の本や論文でスタイルなどを確認するとよいでしょう。

練習問題

1 次の空欄を完成させてみましょう。(1、2は第9回の練習問題**5**、3は今回（第10回練習問題**3**の文章を参照してください。）

1. 長谷川真理子は子どもの数を増やすための課題について、養育に伴う時間的、エネルギー的、心理的、金銭的コストを減少、または分散することが必要だと〔　　　　　　　〕。（　　　　　　　　　　　　　　　　　　　）

2. 長谷川真理子の指摘〔　　　　　　　　〕、晩婚化は少子化の主要な原因とは言えない。（　　　　　　　　　　　　　　　　　　　）

3. 中田ゆりの調査〔　　　　　　　〕、飲食店の粉塵濃度は職場など一般的な場所よりかなり高いこと、家族連れが利用するファストフード店でも喫煙席の割合は平均75％と多く、不完全分煙店では子供や妊婦には危険ともいえる受動喫煙状態にさらされていること〔　　　　　　　　〕。（　　　　　　　　　　　　　　　　　　　）

2 前回（第9回）の練習問題**5**の文章を使って、次の問に答えてみましょう。

1. トレード・オフとはどういうことか。

2. 「少子化」と「晩婚化」とはどのような因果関係にあるか。

3. 子どもの数が減る要因は何か。

3 次の文章を読んで、後の問に答えてみましょう。

　飲食店で禁煙席にいながら他人のたばこの煙を吸わされた経験は、誰にでもあるだろう。今月から施行された健康増進法は、そうした受動喫煙を防ぐ義務が飲食店側にあることをはっきりさせた。だが、今のところ、対策は店それぞれの自主努力まかせで、実態は以前とほとんど変わりない。
　今年１月から４月、私は首都圏のファミリーレストランや居酒屋など50カ所の飲食店における分煙対策の実情を、厚生労働省の分煙ガイドラインで定められた浮遊粉塵濃度を測定する方法で調べ、問題の深刻さを実感した。
　測定の結果、まったく分煙対策をとらず自由に喫煙できる店の粉塵平均濃度は、喫煙者が多い時間帯には完全禁煙店に比べて70倍で、厚生労働省が示す法定基準値の18倍にあたる１立方㍍あたり2.7㍉グラムまで上昇する店もあった。
　同じ空間を喫煙席、禁煙席で分けただけの不完全分煙店が最も多かったが、そこでは喫煙者が増えるとともに粉塵は禁煙席へも流れ、濃度は最高で法定基準の９倍まで上昇した。一方、禁煙席と喫煙席をフロアで分けた店では、禁煙フロアの粉塵濃度は喫煙フロアの込み具合とは関係なく微量で安定していた。
　今回の調査で、飲食店の粉塵濃度は職場など一般的な場所よりかなり高いこと、家族連れが利用するファストフード店でも喫煙席の割合は平均75％と多く、不完全分煙店では子供や妊婦には危険ともいえる受動喫煙状態にさらされていることが明らかになった。
　私が以前、国際線乗務員として勤務していた航空業界では、受動喫煙が当たり前だった。せまい機内なのに禁煙席と喫煙席とを表示で分けただけの極めて不完全な分煙だったため、禁煙席にいても目やのどが痛くなった。日本人男性客が多い路線では喫煙席が７、８割を占め、離陸後の喫煙解禁になると、機内は煙で真っ白になるほどだった。乳幼児やぜんそくの人などたばこに弱い乗客がいてもなんの対策もなかった。
　当時は受動喫煙の有害性が社会的に知られておらず、接客業のプロとしては煙を我慢するのが当たり前だった。客室乗務員の尿中ニコチン代謝物濃度が一般の非喫煙者よりも高く健康被害があるという米国の研究データを知ったのは、約７年間の乗務員生活を終えた後である。その後、航空業界の医療専門家チームの働きかけにより、国連の専門機関の国際民間航空機関が国際線の全席禁煙化に取り組むことを総会で決議し、空の禁煙化が加速した。
　世界保健機関（WHO）は「安全なレベルの受動喫煙は存在しない」と強調する。飲食店は、ふだんから家族連れが頻繁に利用する点では、航空機以上に受動喫煙の影響が深刻である。さらに被害は客だけではない。禁煙でない店の従業員は、がんや心臓病などのリスクが高まることが米国の研究で明らかになっており、日本の430万人以上の従業員やそれに含まれない多くの未成年アルバイトが働く日本の飲食店でも急いで受動喫煙対策を実現しなければならない。
　米国、カナダ、オーストラリア、フィンランドなどでは、法律により飲食店が完全禁煙化されている地域が多い。日本で顧客と従業員両方の健康を受動喫煙から守るためには、最終的には飲食店の禁煙化しか方法はないが、まずは保健所や労働基準監督

署など行政機関が飲食店の監視組織を設け、今回の調査で実施したのと同様の粉塵濃度測定などにより、受動喫煙の現状調査をしてほしい。行政はその結果に基づき、店側へ具体的な改善指導をするべきだ。

　最近の調査で、喫煙コーナーに見かける空気清浄機はたばこ煙の有害成分をほとんど除去できないことが明らかになった。監視態勢なしに喫煙の放置が続くなら、健康増進法の形骸化は火を見るより明らかだ。

（中田ゆり「飲食店の分煙調査をいそげ」2003年5月24日『朝日新聞』）

1. 健康増進法では、誰にどのような義務があると決められているか。

2. 喫煙による飲食店の浮遊粉塵濃度は、どのような状態にあるか。

3. 筆者は、受動喫煙についてどうすべきだと主張しているか。

技能編　第11回　**敬語とは**

世の中には様々な人間関係があります。家族や仲の良い友達、先輩・後輩、上司・部下・同僚、先生、お年寄り、幼児、初対面の人……。同じ言葉づかいはしませんね。次のメールを見てみましょう。山田容子さんから見て宛名の人物はどのような関係でしょうか。

A

> Subject：おしえて～！
> From：〈山田容子〉
> To：〈大谷真帆〉
> やっほー♪マホマホ。久しぶり。(←ってゆうか私さぼりすぎ？(^_^;))
> ねぇねぇこないだの論理学出た？最後だったのにぶっちしちゃったんだ！！
> レポートの課題って出た？　あれを落とすとさすがにやばいし。　もし出てたら教えて。
> まじ一生のお願い！m(_ _)m　返事期待して待ってる♪　よろしく(*^_^*)

B

> Subject：過去問ください
> From：〈山田容子〉
> To：〈池中ゆり〉
> お久しぶりです！メールで突然なんですが、ゆりさん、去年「文化表象論」
> 取ってました？　過去問あったら見せてほしいんですが……。
> かなり単位がキビしいって聞いてびびってます！しかも出席が足りないので……。
> お返事期待して待っています。よろしくお願いします。

C

> Subject：お伺い
> From：〈山田容子〉
> To：〈田中幸恵〉
> 突然メールをさし上げまして申しわけありません。
> 「論理学」を取っている1年Aクラスの山田です。
> 先週の授業で、先生がレポートの課題を出されたと聞きました。
> 私は欠席してしまい、課題をいただいていません。
> 欠席したのが悪いのですが、単位を是非とも取りたいので、
> 課題をくださいませんでしょうか。先生のご都合のよい時間に一度うかがいます。
> お返事お待ちしております。よろしくお願いいたします。

絵文字を含め日常の話し言葉を思いのままに使える相手（A）、かしこまらなくても**丁寧語**「です」「ます」「お＋～」を使う相手（B）、丁寧語に加え「くださる」「うかがう」のような**尊敬語・謙譲語**までを使う相手（C）……。山田容子さんから見てどのような人物か、だいたい見当がつきますね。ということは、あなたを含め社会全体がこのような言

の使い方のルールを守っているということです。**敬語**の使い分けは様々な人と適切につきあい、その関係を維持あるいは発展させていくために有効な表現手段です。
敬語の中には大きく分けて三つの種類があります。**丁寧語・尊敬語・謙譲語**です。

1．丁寧語
Bで使われた、文末の「～です」「～ます」、「お～」「ご～」が丁寧語です。日常最も頻繁に使う、便利な敬語ですね。相手に丁寧さ（軽い敬意）を添えて伝えたい時に使います。

B'
> お久しぶりです！メールで突然なんですが、ゆりさん、去年「文化表象論」
> 取ってました？過去問あったら見せてほしいんですが……。
> かなり単位がキビしいって聞いてびびってます！しかも出席が足りないので……。
> お返事期待して待っています。よろしくお願いします。

「お・ご～」は、基本的に、敬意を表すべき人物の**所有物**やその人に**関係するもの・こと**（名詞）につけます。自分の所有物や外来語にはつけません。

2．尊敬語・謙譲語
より高い敬意を表すべき人物を相手にする時、またそのような人物に関わる行為について伝えるときには、**尊敬語・謙譲語**を使います。Cには丁寧語に加えて尊敬語＿＿＿と謙譲語＿＿＿が使われています。

C'
> Subject：お伺い
> 突然メールをさし上げまして申しわけありません。
> 「論理学」を取っている1年Aクラスの山田です。
> 先週の授業で、先生がレポートの課題を出されたと聞きました。
> 私は欠席してしまい、課題をいただいていません。
> 欠席したのが悪いのですが、単位を是非とも取りたいので、
> 課題をくださいませんでしょうか。先生のご都合のよい時間に一度うかがいます。
> お返事お待ちしております。よろしくお願いいたします。

尊敬語と謙譲語の区別は重要です。
「敬意を表したい人物（☆）が～する」とき**尊敬語**を使い、「自分が（☆のために）～する」とき**謙譲語**を使います。C'の謙譲語＿＿尊敬語＿＿が、誰の行為か確かめてみましょう。
さて、ではもっと具体的に、何が尊敬語でどれが謙譲語なのでしょうか。それは覚えるしかありません。どんな動詞でも敬語に変える基本の型と、特別の敬語表現（定型表現）を次の表Dで確認しましょう。
基本の型と、定型表現を覚えた上で丁寧語・謙譲語・尊敬語を適切に使い分けましょう。

D ☆＝敬意を表すべき人物

	誰が	基本の型	主な定型表現
尊敬語	☆が	お・ご ～ になります ～(ら)れます	いらっしゃいます（いる・行く・来る） ご覧になります（見る） おっしゃいます（言う） 召し上がります（食べる）……
例）a 社長が 鞄を 持つ → 社長が お鞄を お持ち になります			b 社長が 写真を 見る → 社長が お写真を ご覧になります
謙譲語	私が （☆のために）	お・ご ～ します お・ご ～ 申し上げます お・ご ～ いたします	参ります（行く・来る） うかがいます（訪ねる・聞く） 拝見します（見る） おります（いる） 申します・申し上げます（言う） いただきます（もらう・食べる）……
例）a' 私が （社長の鞄を）持つ → 私が お持ち します			b' 私が （社長の写真を）見る → 私が 拝見します

3. 敬意の程度

敬語を使い分ける上では「誰に」（相手）、「誰がすることを」（話題の人物）伝えるかに加え「どこで」（場面）伝えるか、によっても言葉の選び方が変わります。

敬意を表すべき人物や場面とはどういうものか、改めてルールを確認しておきましょう。相手や話題の人物との人間関係では、〈親・疎〉、〈目下・目上〉（年齢・階級・社会的地位）、〈ウチ・ソト〉（ウチ＝身内・関係者（うちの○○）／ソト＝部外者）等が基準になります。〈親しい〉人や〈目下〉、〈ウチ〉の人物であれば、敬語は必ずしも必要ありませんが、〈親しくない（疎遠・初対面）〉人物や〈目上〉〈ソト〉の人物であれば、敬語が必要です。これに「どこで」話すか、という「場面」〈フォーマル・インフォーマル（カジュアル）〉が重要な条件として加わり、敬語の必要性について、図Eのようなイメージが描けます。

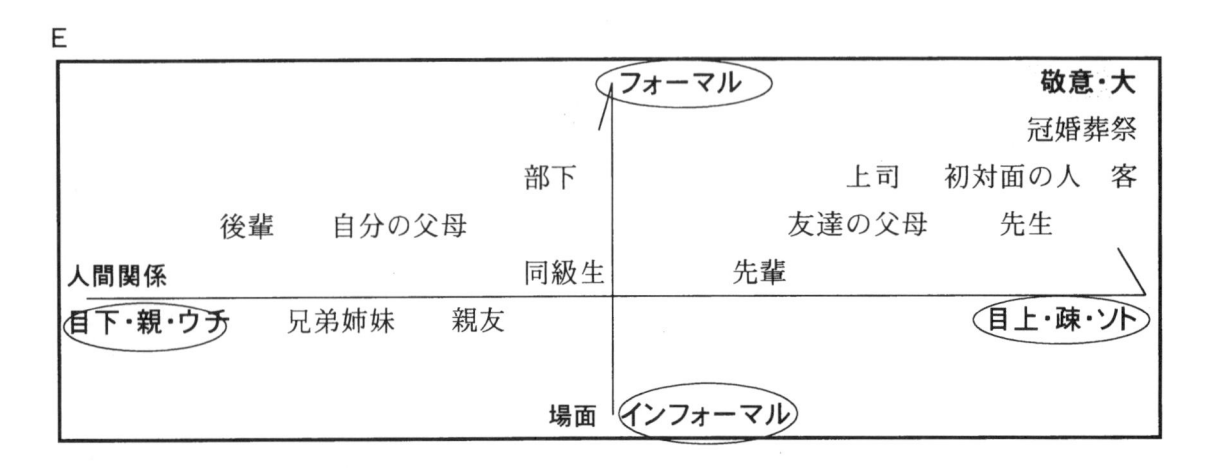

E

```
                    フォーマル↑              敬意・大
                                             冠婚葬祭
                     部下        上司    初対面の人  客
          後輩  自分の父母         友達の父母   先生
人間関係              同級生     先輩
（目下・親・ウチ） 兄弟姉妹  親友              （目上・疎・ソト）
                    場面 インフォーマル
```

図E中、より上・より右に位置づけられるほど敬語の必要性が高く、尊敬語・謙譲語・丁寧語を使って敬意を表す必要があります。右・上寄りでも中心に近ければ、丁寧語のみで十分でしょう。敬語を使うべき人物・場面かどうかの判断は話し手に委ねられています。

練習問題

1 次の場面や話題にあげる人物が上の図Eでどの位置に入るか、書き込んでみましょう。
 (1)　恩師への手紙文　　　　(2)　ケンカ中の親
 (3)　母校のＯＢで初対面の人　(4)　アルバイト先の店長のことをお客様に向かって

2　以下の語に「お」「ご」をつけてみましょう。つかないものには×をつけましょう。基本的には［お＋和語］［ご＋漢語］ですが、例外も多いので単語ごとに覚える必要があります。

 家族　　　　花　　　　　バラ　　　　　友達　　　　　親戚
 電話　　　　出産　　　　礼　　　　　　教え　　　　　返事
 はなし　　　両親　　　　本　　　　　　ケーキ　　　　土産(みやげ)

3　次の表を完成させましょう。

	尊敬語	謙譲語
基本型	お・ご〜になります 〜（ら）れます	お・ご〜します／お・ご〜いたします お・ご〜申し上げます
いる	(　　・　　)	(　　　　)
来る・行く	いらっしゃいます (　　・　　)	(　　・　　) 参上します
する	(　　・　　)	(　　　　)
言う	(　　　　) 仰(おお)せになります	申し上げます 申します
見る	ご覧になります	拝見します
聞く	(　　　　)	(　　　　) 拝聴します
くれる（与える）	くださいます	(　　　　)
もらう	お受けになります	いただきます・賜ります
着る	お召しになります	
知る・思う	(　　・　　)	存じ上げます・存じます

4 尊敬語・謙譲語どちらを使うべきか考えて、下線部を適切な敬語表現に直しましょう。

1. 25番のカードを<u>持った</u>お客様、2番の窓口まで<u>来てください</u>。

2. お客様、失礼ですがお名前は何と<u>言いますか</u>。

3. 恐れ入りますが、<u>食べた</u>後のトレーはこちらにお返しください。

4. ここでグループごとにみなさまの写真を<u>撮ります</u>。

5. 父が戻って<u>来ましたら</u> <u>伝えます</u>。

6. その件でしたら、あちらの受付で<u>聞いてください</u>。

7. 申しわけありません、<u>知りません</u>。

8. <u>迷惑かけるけど</u>、<u>体調が悪いんで</u>、<u>休む</u>。

9. 用紙は<u>あとで</u> <u>渡します</u>。

10. （街で初対面の高齢者に）<u>荷物持つよ</u>。

5 次の1〜3の連絡メールを、次の相手(a)(b)に宛てて書き直しましょう。
　　(a)何度か話をしたことのある一つ上の先輩（個人）
　　(b)上司を含め仕事場の同じグループのメンバー全員

1. 昨日は大事な打ち合わせだったのに、急に休んでしまってごめん。いいわけはできないってわかってます。これからは気をつけるから、許してね。

　　(a)先輩に

　　(b)仕事場のメンバーに

2. 今度の旅行の行き先の希望調査をしている。A〜C案から必ず一つ選んで回答すること。締め切りは今週金曜日13:00。

　　(a)先輩に

　　(b)仕事場のメンバーに

3. みんなで参加するフリーマーケットのちらし案を作ったよ。添付するから、中見てチェック！して意見を言ってほしいんだけど。間違いとか、直したほうがいいとことか、何でもいいから言ってくれたらうれしいな(*^_^*)

　　(a)先輩に

　　(b)仕事場のメンバーに

技能編　第12回　**注意すべき敬語表現**

次の会話は、敬語の使い方がどうもおかしいようです。

> A （母の友人と、街で偶然出会って）
> 　母の友人：あら、真理さん、久しぶりね。お母さん、お元気ですか？
> 　真理　　：はい、うちの<u>お母さん</u>、おかげさまで<u>お元気です</u>。
> B　客　　　：店長の今井さん、今、お見えになりますか。
> 　アルバイト：あ、<u>店長さん</u>は……、今ちょっと休憩で、<u>いらっしゃいません</u>。

A、Bは、身内に尊敬語を使ってしまった誤りです。Aのように、真理さんが自分の母親のことを「お母さん」「お元気です」と言うのは、おかしいですね。同様に、自分のアルバイト先の店長の動作に尊敬語を使うのも誤りです。「身内」というのは、家族や親戚だけではありません。自分がメンバーとして所属する、店や会社などの組織の内部の人物も「身内」です。内部で立場が上である、実際に尊敬しているといったことは「部外者」の前では関係なく、自分と同等の身内として扱います。したがって、外の人に向かって「身内が〜する」と言う場合には、「自分が〜する」と言うときと同様に謙譲語が使われます。

> A'　母の友人：お母さん、お元気ですか？
> 　　私　　　：はい、<u>母</u>は、おかげさまで <u>元気で過ごしております</u>。
> 　　　　　　　　　　　　　　　　　　　／<u>変わりなく過ごしております</u>。
> B'　客　　　：店長の今井さん、今、お見えになりますか。
> 　　アルバイト：申しわけありません、<u>店長の今井</u>は、ただいま<u>休憩をいただいて、</u>
> 　　　　　　　　<u>席を外しております</u>／<u>店内におりません</u>。

もう一つ誤りやすいのが「〜します」「〜してくれます」「してください」というタイプの動詞です。

> C　今日は特別に、南山動物園・山田園長が質問に<u>お答えしてくれます</u>。
> D　ご出席の方は９月21日までに申込用紙をご記入の上<u>ご返送してください</u>。

C、Dのように「お答え」「ご返送」として、敬意を表すべき「答える人」「返送する人」が「〜する」場合の尊敬語を使ったつもりでも、よく見ると下線部は「お・ご〜します」という謙譲語の定型となってしまっています。無意識だといっても注意したいものです。こういった場合に間違いやすいということを自覚し、意識して決まり通りに尊敬語を使うか、「お〜くださる」「お〜ねがいます」という表現を使うようにするとよいでしょう。

> C'今日は特別に、南山動物園・山田園長が　<u>お答えになります</u>／<u>お答えください</u>。
> D'ご出席の方は９月21日までに　<u>ご返送ください</u>／<u>ご返送ねがいます</u>。

このような「〜します」に関わる尊敬語と謙譲語の取り違えを防ぐには、**尊敬語を名詞にすることも有効です**。間違いを避けられる上に、シンプルな形で敬語の過剰さを抑えることもできます。

```
C"  園長がお答えです。           D"  ご返送をお願いします。
  ※ 尊敬語の名詞
    例） お持ちの書類      お客様がお待ちです      お察しの通り
         ご存じの通り      ご承知のことと存じます   ご自慢の逸品
         ご指導のほどお願いいたします    ご理解が得られるよう
```

敬語として正しくても過剰になっては逆効果、「慇懃無礼（いんぎんぶれい）」といって失礼にあたります。例えば、最近多いのが「〜させていただく」の多用です。へりくだって言うためには便利な言い方ですが、頻繁に使うのはスマートではありません。「させていただく」は最低限にしてE'・F'のように言い替えると自然ですね。

```
E   資料を見させていただいて検討させていただいてから契約させていただきます。
  →  E' 資料を拝見して検討の後、契約いたします。
F   （ノック：コンコン）失礼させていただきます。
  →  F'（ノック：コンコン）失礼いたします／失礼します。
```

敬語を二重三重に使うのも、同様に過剰で、スマートではありません。Gは「お見えになりますか」、Hは「ご研究になります」「研究なさいます」で十分ですね。

```
G   店長さん、お見えになられますか？          （お見えになる＋られる）
H   高橋先生は源氏物語をご研究になられます。   （ご研究になる＋られる）
```

では複合動詞などのもともと複雑な表現、例えば「食べにくい」を尊敬語に直すと……？意外と難しいですね。すべて敬語にしようとすると、過剰になったり、不自然になったりします。意味の中心となる動詞だけを敬語にしてもよいでしょう。また、別の単語に替えて、より簡単な表現にするというテクニックもあります。

I
```
食べにくい場合は……  →  お召し上がりになり にくい場合は……
求めやすい商品です    →  お求めになり やすい商品です
してみてください      →  なさって みてください      →  お試しください
利用できます          →  ご利用になる ことができます  →  ご利用になれます
```

敬語をスマートに使いこなすには実践の積み重ねしかありません。ただしその前提として正しい用法・テクニックの存在を「知っておくこと」も大切です。これに加え、伝えたいことを間違いなく伝えるためには、相手と場にあった最も適切な言葉を真摯（しんし）に選ぶ姿勢が最重要です。

練習問題

1 下線部の動詞に注意して**全文**を敬語表現に直しましょう。

1. あとで、お電話をかけて<u>あげます</u>。

2. 清掃中ですので<u>使用できません</u>。

3. 私のほうで原案を<u>示します</u>ので、先生に<u>見てもらいたい</u>のですが。

4. （訪日中の某国大統領に）日本の文化を十分に<u>楽しめる</u>よう<u>祈ります</u>。

5. （A先生に）先生、このまえ私が先生に<u>聞いた</u>本、B先生から<u>借りられた</u>。快く<u>貸してくれた</u>よ。

6. （乗客に）切符を<u>持っていない</u>人は車掌まで<u>申し出てください</u>。

7. （回転寿司で）<u>食べたい</u>寿司が回っていなかったら何でも<u>注文してください</u>。

8. （お客に）忘れ物が<u>あります</u>。5階紳士服売場まで<u>戻ってください</u>。

9. 18歳未満の方は入場できません。

10. 申込用紙の文字が小さくて読みづらい方は眼鏡(めがね)を貸しますので言ってください。

2 敬語が不適切な部分に下線を引いて、正しく直しましょう。

> 例　お客様、まずお名前から申してください。
> 　　　　　　おっしゃってください。／お教えください。／お話しください。

1. これから母の見舞いにうかがうところです。

2. 資料につきましては、のちほど、うちの酒井課長から直接いただいてください。

3. 本日はご拝聴してくださいまして、まことにありがとうございました。

4. 「シンチョウのシンの字です。」「……と申しますのはどのシンチョウですか。」

5. 原稿は読ませていただきました。次の点を修正させていただいた上で、

　掲載させていただきます。

6. 視聴者のみなさんから番組へたくさんのご意見ＦＡＸが参りました。

7. お客様のお使いやすいおすすめ商品です。

8. お子さまはお手をつないでお連れしてください。

9. 私の手紙、お手元に届いていらっしゃいますか。

10. 課長、次回の会議に提出する企画書を作成しました。何なりとご進言ください。

3 次の各文の下線部は、よく耳にし、通用しているようですが、「誤り」とされます。どうして誤りなのか、理由を考え、正しい表現に直してみましょう。

1. ご覧ください！　富士山が噴火して<u>おります</u>！

2. 柴田博士は退官された現在も研究を続けて<u>おられます</u>。

3. 森選手は明日の400メートルリレーにも出場して<u>参ります</u>。

4. エビは背わたを丁寧に取って<u>あげます</u>。

5. 先生、昨日お忘れの傘を預かっておいて<u>あげました</u>。

4 方言にもそれぞれに特有の敬語表現があります。

1. あなたの使う方言の敬語にはどんなものがありますか。挙げてみましょう。
　　※無意識に使っているものでも、本文の説明や問題の解答に出てこないものは
　　　方言かもしれません。意識してみましょう。

2. 方言の敬語について、①・②などの点から議論してみましょう。
　　①どういう条件なら使ってもよいか（どういう場面で積極的に使うべきか）。
　　②共通語の敬語との使い分けにおいて、どのようなことに注意したらよいか。

---

tea brake　　いかがだったでしょうか

テレビでもラジオでも、番組やイベントの最後に、司会者が締めくくりの一言でこう言うのが、最近、よく聞かれます。「いかがだった」という部分がどうもなじみにくくはありませんか？「どうだったか。」を丁寧に言おうとすれば、
　（「どう」→「いかが」）＋（「だったか」→「でしたか」）＝「いかがでしたか」。
これで十分だと思います。しかし、最後の「たか」が強く感じられるのでしょうか、和らげようとすれば「いかがでしたでしょうか」ですね。「でした」「でしょうか」と「です」が二つ重なってしまうために、「いかがだったでしょうか」になった、と分析することはできます。でも、「どうだった？」を「いかがだった？」とは絶対いわないですよね。視聴者の反応を過剰に気にした放送関係者の苦慮でしょうが、なんだかそれが透けて見える気がしておかしいのです。いかがでしょうか？

==知識編

知識編　第1回　**漢字の読み方と言葉の意味**

難読語その1

1. 斡旋(あっせん)　アルバイトの斡旋業務。
   間に入ってうまくいくよう取りはからうこと・世話すること
2. 軋轢(あつれき)　親子間にも軋轢が生じうる。
   争い・不和
3. 安穏(あんのん)　大企業も安穏としていられない。
   平和で穏やかな様子
4. 息吹(いぶき)　自然の息吹が感じられる森。
   息づかい・生きている様子
5. 否応(いやおう)　否応なく入院させられた。
   いいも悪いもその人の意思に関係なく
6. 引責(いんせき)　社員の不祥事による引責辞任。
   責任をとること
7. 請負(うけおい)　再建の請負人に任命される。
   全責任を負ってプロとして仕事を引き受けること
8. 内訳(うちわけ)　支出の内訳は次の通りだ。
   明細内容
9. 会釈(えしゃく)　軽く会釈して通り過ぎる。
   軽いお辞儀
10. 思惑(おもわく)　思惑通りに事を進める。
    思っていること・ねらい
11. 卸売(おろしうり)　卸売価格での大安売り。
    問屋が仕入れた商品を小売業者に売ること
12. 乖離(かいり)　認識の乖離を埋める。
    かけ離れていること
13. 割愛(かつあい)　紙幅の関係で割愛する。
    惜しいものを手放したり省略したりすること
14. 為替(かわせ)　為替と株の動向をチェックする。
    有価証券などで金銭の受け渡しをすること・またその相場
15. 机上(きじょう)　机上の空論。
    非現実的な
16. 解熱(げねつ)　鎮痛剤には解熱作用もある。
    熱を下げること
17. 嫌悪(けんお)　自己嫌悪に陥る。
    憎み嫌うこと
18. 言質(げんち)　言質を取る。
    後で証拠とする言葉
19. 滑稽(こっけい)　滑稽な仕草で話題の動物。
    おもしろおかしい
20. 献立(こんだて)　給食の献立表。
    料理の取り合わせ・メニュー
21. 詐欺(さぎ)　詐欺にあえば人間不信になる。
    金銭目的でだますこと
22. 雑魚(ざこ)　雑魚を相手にするな。
    獲ってもしようがない小魚・取るに足りない相手・小物
23. 些細(ささい)　些細なことで腹を立てる。
    ほんの少しの・どうでもいい
24. 桟敷(さじき)　桟敷席で相撲を見る。
    段を高く設けた見物席
25. 至極(しごく)　至極真っ当な意見。
    非常に
26. 示唆(しさ)　噴火の可能性を示唆する。
    暗示的にヒントを与える
27. 支度(したく)　朝ご飯の支度。
    準備
28. 示談(じだん)　両者が歩み寄り示談が成立した。
    話し合いでの解決
29. 老舗(しにせ)　創業250年の老舗。
    昔から長く続いて繁盛し信用のある店
30. 諮問(しもん)　政府の諮問機関。
    政治的判断に先立って学識者に専門的見解を求めること
31. 借款(しゃっかん)　円借款の継続を決定する。
    国家間の貸し借り
32. 成就(じょうじゅ)　大願成就。
    かなうこと
33. 真摯(しんし)　真摯な態度に好感が持てる。
    まじめで一生懸命な様子
34. 迅速(じんそく)　迅速な対応で助かった。
    少しも滞ることなく素早い
35. 辛辣(しんらつ)　辛辣な批評を受けて奮起する。
    手厳しい
36. 出納(すいとう)　金銭出納簿をつける。
    金銭や物品の出し入れ
37. 折衷(せっちゅう)　A案とB案の折衷案で行こう。
    いいところを少しずつとって別のものを作ること
38. 相殺(そうさい)　費用は先払い分で相殺できる」。
    差し引きゼロにすること

知識編　第2回　**漢字の読み方と言葉の意味**　難読語その2

39. 蕎麦（そば）　昼は天ぷら蕎麦を取ろう。

40. 重宝（ちょうほう）　小さなボウルは意外と重宝だ。
便利で使い勝手がよい

41. 続柄（つづきがら）　本籍と続柄が記載された住民票。
親族としての関係

42. 体裁（ていさい）　行頭が不揃いでは体裁が悪い。
外見・他者から見たかっこう

43. 適宜（てきぎ）　資料は適宜ご参照下さい。
適当に・その場の必要に応じて

44. 手際（てぎわ）　あの手際のよさは素人（しろうと）ではない。
物事を処理する能力・方法

45. 添付（てんぷ）　証明書を添付して届け出る。
添えて付けること

46. 頭取（とうどり）　頭取まで登りつめる。
銀行などの代表

47. 匿名（とくめい）　匿名の情報提供。
名前を隠すこと

48. 乃至（ないし）　A案乃至B案で行こう。
あるいは・もしくは

49. 名残（なごり）　別れ際はいつでも名残惜しい。

50. 雪崩（なだれ）　雪崩による行方（ゆくえ）不明者。

51. 捺印（なついん）　署名・捺印をお願いする。
印鑑を押すこと

52. 納得（なっとく）　庶民の納得できる価格設定。

53. 捏造（ねつぞう）　偽りの経歴を捏造する。
でっちあげること

54. 破綻（はたん）　銀行の破綻する時代。
手の施しようがないところまで行き詰まること

55. 抜擢（ばってき）　期待の新人が抜擢された。
大勢の中から選んで重要な役目につけること

56. 凡例（はんれい）　記号の使い方なら凡例にある。
書籍の巻頭にある約束事一覧

57. 誹謗（ひぼう）　誹謗中傷を受けても動じない。
他人をおとしめるために悪口を言うこと

58. 罷免（ひめん）　辞職する前に罷免・更迭しろ。
公職を辞めさせること・免職

59. 日和（ひより）　絶好の行楽日和だ。
（〜に適した）天気・気候

60. 歩合（ぶあい）　給料は歩合制で出来高払いだ。
ある基準に対して決まる金額・数量の割合

61. 吹聴（ふいちょう）　身内の成功を吹聴する。
（自慢や露悪的に）ふれ回ること

62. 風情（ふぜい）　田舎（いなか）の風情を味わう。
あるものの持つ独特の雰囲気

63. 払拭（ふっしょく）　疑惑を払拭する活躍。
きれいに取り除くこと

64. 反故（ほご）　約束を反故にされた。
だめ・無駄

65. 発端（ほったん）　そもそも事の発端は何だ。
はじまり

66. 本望（ほんもう）　S大に合格できれば本望だ。
本来の望み

67. 冥利（みょうり）　役名で呼ばれ役者冥利につきる。
その仕事ならではの満足感でいっぱいになる

68. 亡者（もうじゃ）　金の亡者にはなりたくない。
とりつかれた者

69. 目論見（もくろみ）　彼の目論見は見事に外れた。
企て・計画

70. 由緒（ゆいしょ）　由緒ある寺。
特別ないわれ

71. 浴衣（ゆかた）　花火大会には浴衣で行きたい。

72. 拉致（らち）　被害者が拉致された現場。
連れ去られること

73. 律儀（りちぎ）　挨拶（あいさつ）を欠かさない律儀な性格。
まじめで儀礼的な信条をかたく守る様子

74. 流布（るふ）　おかしなうわさが流布する。
世間に広がる

75. 矮小（わいしょう）　問題を矮小化するな。
問題視されないほど小さい様子

76. 賄賂（わいろ）　賄賂はいつか露見する。
便宜の謝礼として・見返りを期待して決定権を持つ人に贈る金品

知識編　第3回　漢字の読み方と言葉の意味

文脈によって読みと意味のかわるもの

1. **相乗**　相乗り(あいの)りすればタクシーの方が得だ。／相乗(そうじょう)効果が期待できる。

2. **一行**　一行(いちぎょう)あけて改行する。／田中様ご一行(いっこう)。

3. **市場**　毎月4の付く日に市場(いちば)が開かれる。／東京卸売市場(しじょう)。

4. **入れる**　信用できる党に私の1票を入(い)れる。／このスペースならあと2人入(はい)れる。

5. **上手**　上手(うわて)をとれば横綱が断然有利だ。／上手(かみて)から登場する。／おだて上手(じょうず)。

6. **疫病**　疫病(えきびょう)の流行した時代。／疫病(やくびょう)神。

7. **大勢**　大勢(おおぜい)の参加者。／調査で大勢(たいせい)が判明した。

8. **気質**　職人気質(かたぎ)。／すぐカッとなる気質(きしつ)。

9. **仮名**　仮名(かな)で書く。／仮名(かめい)の人物。

10. **河岸**　河岸(かわぎし)を散歩する。／河岸(かし)で魚を仕入れる。／河岸(かがん)段丘。

11. **甲高**　甲高(かんだか)い声。／甲高(こうだか)な足。

12. **形相**　必死の形相(ぎょうそう)。／形相(けいそう)と質料。

13. **気配**　人の気配(けはい)を感じる。／気配(きくば)りのできる人。

14. **被る**　損害を被(こうむ)る。／他人の罪を被(かぶ)る。

15. **後生**　後生(こうせい)恐るべし。／後生(ごしょう)大事にする。

16. **骨折**　骨折(こっせつ)で全治2ヶ月。／叔父の骨折(ほねお)りに感謝する。

17. **細々**　細々(こまごま)とした作業。／細々(ほそぼそ)と暮らす。

18. **細目**　大綱の次に細目(さいもく)を決める。／細目(ほそめ)の麺が好みだ。

19. **札**　お札(ふだ)を奉納する。／新しいお札(さつ)の発行。

- 72 -

20. 寒気　寒気(さむけ)がする。／寒気(かんき)が近づく。

21. 白髪　白髪(しらが)が増えた。／白髪(はくはつ)三千丈。

22. 水面　水面(すいめん)下の動き。／水面(みなも)に映る山影。

23. 素性　氏素性(すじょう)など問題ではない。／含有物質の素性(そせい)を調べる。

24. 術　なす術(すべ)もない。／術(じゅつ)後の経過。

25. 生物　火星に生物(せいぶつ)はいるか。／生物(なまもの)なので早めに冷蔵庫へ入れる。

26. 素振り　無関心な素振(そぶ)り。／バットの素振(すぶ)り。

27. 造作　無造作(ぞうさ)に積み上げる。／彫刻の造作(ぞうさく)を味わう。

28. 辛い　辛(つら)い仕事。／辛(から)い本格派カレー。

29. 解く　問題を解(と)く。／結び目を解(ほど)く。

30. 人気　ＣＭで人気(にんき)がでる。／明け方はさすがに人気(ひとけ)がない。

31. 便　交通の便(べん)が悪い。／午後の便(びん)で出発する。

32. 分別　ゴミの分別(ぶんべつ)。／分別(ふんべつ)のつく年頃。

33. 手数　手数(てすう)をかける。／相手の手数(てかず)は限られている。

34. 品　物腰に品(ひん)がある。／おすすめの品(しな)。

35. 文書　文書(ぶんしょ)で通達する。／新発見の古文書(もんじょ)。

36. 面　能のお面(めん)。／不敵な面(つら)構え。

37. 目下　目下(もっか)調査中だ。／目下(めした)の者に対しても態度を変えない人だ。

38. 汚れ　泥汚(よご)れ。／汚(けが)れを祓(はら)う。

39. 利益　利益(りえき)の追求。／ご利益(りやく)のある神社。

知識編　第4回　**同音・同訓異義語の使い分け**　　その1

1. **ア**う　　　　友人と会う。／意見が合う。／災難に遭う。

2. **ア**ける　　　店を開ける。／家を空ける。／年が明ける。

3. **ア**げる　　　値段を上げる。／天ぷらを揚げる。／手を挙げる。

4. **アツ**い　　　今年の夏は暑い。／熱いお湯。／厚い本。

5. **ア**てる　　　答えを当てる。／地下を駐車場に充てる。

6. **アヤマ**る　　非礼を謝る。／計算を誤る。

7. **ア**ラい　　　金使いが荒い。／仕事が粗い。

8. **アラワ**す　　顔色に表す。／姿を現す。／本を著す。

9. **イタ**む　　　歯が痛む。／故人を悼む。／果物が傷む。

10. **イ**る　　　　気に入る。／家に居る。／金が要る。／矢を射る。

11. **ウ**ける　　　注文を受ける。／工事を請け負う。

12. **ウツ**す　　　ノートを写す。／スクリーンに映す。／住所を移す。／都を遷す。

13. **オ**う　　　　責任を負う。／犯人を追う。

14. **オカ**す　　　危険を冒す。／罪を犯す。／国境を侵す。

15. **オク**る　　　荷物を送る。／感謝状を贈る。

16. **オコ**す　　　体を起こす。／会社を興す。

17. **オサ**める　　成功を収める。／税金を納める。／国を治める。／学問を修める。

18. **オモテ**　　　裏と表。／矢面に立つ。

- 74 -

19. **オロ**す　　　　商品を卸す。／荷物を下ろす。／主役を降ろす。

20. **カエリ**みる　　過去を顧みる。／自らを省みる。

21. **カ**える　　　　形を変える。／円をドルに換える。／振り替え休日。／打者を代える。

22. **カ**ける　　　　人間性に欠ける。／お金を賭ける。／橋を架ける。／壁に掛ける。

23. **カゲ**　　　　　影も形もない。／陰口をきく。

24. **カタ**い　　　　地盤が固い。／口が堅い。／硬い表情。

25. **カワ**く　　　　暑さでのどが渇く。／洗濯物が乾く。

26. **キ**く　　　　　人の話を聞く。／音楽を聴く。／薬が効く。／機転が利く。

27. **キワ**める　　　学問を究める。／栄華を極める。

28. **サ**く　　　　　花が咲く。／仲を裂く。／時間を割く。

29. **サ**げる　　　　値段を下げる。／カバンを提げる。

30. **サ**す　　　　　ハチが人を刺す。／将棋を指す。／傘を差す。／花瓶に挿す。

31. **シズ**める　　　船を沈める。／痛みを鎮める。／心を静める。

32. **シ**める　　　　店を閉める。／席を占める。／首を絞める。／ネクタイを締める。

33. **スス**める　　　時計を進める。／入会を勧める。／候補者として薦める。

34. **セ**める　　　　敵を攻める。／失敗を責める。

35. **ソ**う　　　　　線路に沿う道路。／病人に付き添う。

36. **タ**える　　　　消息が絶える。／遺憾に堪えない。／大地震に耐える構造。

知識編　第5回　**同音・同訓異義語の使い分け**　その2

1. タつ　　　　ビルが建つ。／退路を断つ。／布を裁つ。／時間が経つ。／駅を発つ。

2. ツく　　　　学校に着く。／服にシミが付く。／要職に就く。／盲点を突く。

3. ツぐ　　　　父の跡を継ぐ。／用件を取り次ぐ。／枝を接ぐ。

4. ツツシむ　　言葉を慎む。／謹んで哀悼の意を表する。

5. ツトめる　　会社に勤める。／サービスに努める。／委員長を務める。

6. ツむ　　　　花を摘む。／荷物を積む。

7. トける　　　数学の問題が解ける。／水に溶ける。

8. トめる　　　列車を止める。／客を泊める。／ボタンを留める。

9. トる　　　　免許を取る。／山菜を採る。／写真を撮る。／指揮を執る。

10. ナラう　　　英語を習う。／前例に倣う。

11. ノゾむ　　　平和を望む。／試験に臨む。

12. ハカる　　　時間を計る。／合理化を図る。／重さを量る。／委員会に諮る。

13. ハジめ　　　授業を始める。／初めての経験。

14. ハヤい　　　テンポが速い。／朝早く起きる。

15. フえる　　　人口が増える。／細菌が殖える。

16. フける　　　夜が更ける。／年をとって老ける。

17. フルう　　　刀を振るう。／蛮勇を奮う。

18. マ　　　　　間に合う。／海水から真水を作る。／魔が差す。

19.	ミる	テレビを見る。／患者を診る。
20.	モト	火の元。／法の下の平等。／会社の基を築く。／スープの素。
21.	ワザ	至難の業。／技を磨く。
22.	ワズラう	思い煩う。／胃腸を患う。
23.	アイカン	人生の哀歓を味わう。／哀感を覚える。
24.	アンショウ	交渉が暗礁に乗り上げた。／詩を暗唱する。
25.	イガイ	関係者以外立入禁止。／意外な展開。
26.	イギ	判決に異議を申し立てる。／意義ある学生生活。／同音異義語。
27.	イシ	意志の強い人。／故人の遺志。／意思表示。
28.	イジョウ	異常な行動。／検査結果に異状が認められる。／権限を委譲する。
29.	イッカン	首尾一貫した態度。／都市計画の一環としての工事。
30.	イドウ	人事異動。／場所を移動する。／両者の異同を調べる。
31.	エイセイ	保健衛生に注意する。／人工衛星の打ち上げ。
32.	カイコ	懐古趣味。／往事を回顧する。／不況で解雇される。
33.	カイシン	大化の改新。／改心して仕事に精を出す。／会心の笑みを浮かべる。
34.	カイソウ	回想録。／店内を改装する。／社会の中の様々な階層。
35.	カクシン	保守と革新の対立。／事件の核心。／勝利を確信する。
36.	カイホウ	仕事からの解放感。／開放的な性格。／病人を介抱する。

知識編　第6回　**同音・同訓異義語の使い分け**　　その3

1. **カテイ**　　　成長過程。／高校の課程を修了する。／雨が降ると仮定しての準備。

2. **カンシュウ**　地域の慣習に従う。／ホールの大観衆。／辞典の監修をする。

3. **カンショウ**　内政干渉。／音楽鑑賞。／観賞用の植物。／感傷に浸る。／緩衝地帯。

4. **カンシン**　　政治に関心を持つ。／正直で感心な少女。／上司の歓心を買う。

5. **キカン**　　　消化器官。／期間限定商品。／雪で交通機関が混乱する。

6. **キセイ**　　　既成の事実。／帰省列車。／既製品。／交通規制。／政治資金規正法。

7. **キテン**　　　東海道本線の起点。／とっさに機転を利かせる。／ゼロを基点とする。

8. **キョウイ**　　敵に脅威を与える。／驚異的な記録。／身体検査で胸囲を測る。

9. **キョウコウ**　ストライキを強行する。／世界恐慌。／強硬に反対する。

10. **キョウセイ**　強制保険。／背骨を矯正する。／自然との共生。

11. **キョウチョウ**　重要性を強調する。／協調性を養う。

12. **ケイチョウ**　問題の軽重を問う。／彼の意見は傾聴に値する。／慶弔電報。

13. **ケントウ**　　健闘を祈る。／おおよその見当をつける。／問題点を検討する。

14. **コウイ**　　　勇気ある行為。／C君に好意を寄せる。／友人の厚意に感謝する。

15. **コウエン**　　公園で遊ぶ。／政治家の後援会。／作家の講演を聞く。／定期公演。

16. **コウキ**　　　逆転の好機。／好奇心のかたまり。／高貴な身分。／綱紀粛正（しゅくせい）。

17. **コウセイ**　　会社更生法。／厚生省。／公正な判決。／後世に名を残す。
　　　　　　　　番組の構成。／原稿を校正する。／攻勢をかける。

18. **コジ**　　　　孤児院。／故事成語。／勢力を誇示する。／会長就任を固辞する。

19. サイゴ　　　最後の切り札。／最期を看取る。

20. サイケツ　　予算案を採決する。／病院で採血される。／裁決を下す。

21. サイシン　　細心の注意を払う。／海外の最新情報。

22. シキュウ　　至急ご連絡ください。／ボーナスを支給する。

23. シジ　　　　指示に従う。／彼を支持する。／B教授に師事する。

24. シュウチ　　周知の事実。／衆知を結集する。／羞恥心。

25. ショウカイ　自己紹介。／身元を照会する。

26. シンギ　　　真偽がはっきりしない。／慎重に審議する。／信義を重んじる。

27. シンコウ　　信仰の自由。／新興宗教。／親交を深める。／軍隊を侵攻させる。

28. セイコウ　　精巧な偽物。／実験が成功する。／穏和な性向。

29. セイサン　　運賃を精算する。／借金を清算する。／試合に勝つ成算がある。

30. セイソウ　　正装で参列する。／盛装した女性。／教室の清掃をする。

31. ソウイ　　　見解の相違。／生徒の総意を結集する。／創意工夫。

32. ソウゾウ　　想像した通りの結果。／新たな芸術の創造。

33. タイショウ　研究対象。／左右対称。／対照的な二人の性格。

34. チョウシュウ　軍に徴集される。／会費の徴収。／聴衆を魅了する演奏。

35. ヒッシ　　　必死に勉強する。／戦争突入は必至の情勢。

36. フキュウ　　不眠不休。／不朽の名作。／広く庶民に普及する。

37. フヘン　　　不偏不党。／人類普遍の概念。／不変の真理。

38. ホショウ　　保証人。／国が損害を補償する。／安全保障。

知識編　第7回　類義語の使い方

1. 案外／意外　　案外気が小さい人。／意外な展開にとまどう。

2. 安全／無事　　交通安全に気を付ける。／無事帰還した。

3. 異議／異存　　提案に異議を唱える。／決議に異存はない。

4. 委託／代理　　経費削減のため事務を委託する。／会議に代理で出席する。

5. 一族／一門　　お盆には一族が集まる。／悪さをして一門から破門される。

6. 一生／終生　　一生のうちに一度は食べたい物。／終生固い絆で結ばれていた。

7. 陰謀／計略　　当時の陰謀が明らかになる。／会議の成功のために計略をめぐらす。

8. 腕前／手腕　　料理の腕前はプロ顔負けだ。／会社経営に手腕を発揮する。

9. 運営／運用　　運営費を捻出する。／資産を運用する。

10. 運勢／運命　　来年の運勢。／他人の運命をにぎる。

11. 運送／運輸　　仕事は運送業だ。／運輸システムの確立。

12. 永遠／永久　　永遠の美しさを求める。／背番号が永久欠番となる。

13. 会得／理解　　絵の技術を会得する。／理解に苦しむ行動。

14. 援助／加勢　　被害を受けた地域に援助の手を。／東軍から加勢の要請を受ける。

15. 延期／順延　　期末試験は延期する。／運動会は雨天順延。

16. 奥義／秘伝　　奥義を極める。／秘伝のスープの調合法。

17. 横着／怠惰　　横着をして作業の手抜きをする。／怠惰な生活習慣を改める。

18. 解説／説明　　ニュースの解説者。／開示できない理由を説明する。

19. 改善／改良　　システムを改善する。／土壌を改良する。

20. 環境／境遇　文化祭のテーマは環境である。／不幸な境遇におかれる。

21. 看護／看病　病院で手厚い看護を受ける。／家族の看病に疲れ果てる。

22. 危機／危険　地球環境は危機的な状況にある。／危険を冒しての挑戦。

23. 許可／認可　許可を得て外出する。／大臣の認可が必要だ。

24. 技量／才覚　すぐれた技量の持ち主。／商売の才覚を発揮する。

25. 苦心／苦労　苦心の末の発明。／苦労して勉強する。

26. 経験／体験　経験を積んで再チャレンジする。／農家の仕事を体験する。

27. 倹約／節約　質素倹約を奨励する。／中火でお湯を沸かしてガスを節約する。

28. 原因／理由　再発防止のために原因究明を行う。／授業欠席の理由書を提出する。

29. 向上／進歩　彼は向上心が強い。／毎年進歩の跡が見られる。

30. 細心／綿密　細心の注意を払って実行される。／綿密に計画されたプロジェクト。

31. 作法／礼儀　食事の作法を教わる。／礼儀を知らない人。

32. 習慣／風習　早寝早起きを習慣づける。／この地方独特の風習。

33. 熟読／精読　時間をかけて熟読する。／文学研究は本文の精読から始まる。

34. 征服／鎮圧　武力で他国を征服する。／内乱を鎮圧する。

35. 独占／寡占　恋人の心を独占する。／市場の寡占化が進行中である。

36. 突然／不意　突然の訪問に驚いた。／不意打ちをくらってびっくりする。

37. 不朽／不滅　不朽の名作。／永遠に不滅の友情。

38. 分離／分裂　水と油が分離する。／細胞が分裂する。

39. 返還／返却　占領されていた土地が返還される。／借りていた本を返却する。

知識編　第8回　対義語の使い方

1. 暗愚—賢明　　暗愚な君主。／賢明な家臣。

2. 異化—同化　　常識的な考えを異化する。／日本の風習に同化する。

3. 遺失—拾得　　大切なものを遺失する。／拾得物を交番に届ける。

4. 依存—自立　　親への依存。／親からの自立。

5. 一般—特殊　　一般的な話。／特殊な事情がありそうだ。

6. 違反—遵守　　交通違反を繰り返す。／法を遵守する。

7. 鋭敏—愚鈍　　何気ない言葉に鋭敏に反応する。／彼の愚鈍さが腹立たしい。

8. 横柄—謙虚　　横柄な態度で不快にさせる。／謙虚な気持ちで受け止める。

9. 解雇—雇用　　不況で会社を解雇される。／不況下にも関わらず雇用される。

10. 快楽—苦難　　快楽に身をゆだねる。／苦難の道を敢えて進む。

11. 架空—実在　　ゴジラは架空の存在だ。／実在の人物をモデルにする。

12. 過失—故意　　偶然の過失に困惑する。／故意に花瓶を壊す。

13. 過疎—過密　　過疎化が進む。／過密なスケジュール。

14. 華美—質素　　華美な服装は避ける。／質素倹約を心がける。

15. 歓喜—悲哀　　歓喜の輪の中にいる。／サラリーマンの悲哀を噛みしめる。

16. 干渉—放任　　干渉しすぎの教育委員会。／放任しすぎの親。

17. 寛大—厳格　　寛大な処分を望む。／厳格な親に育てられる。

18. 既知—未知　　既知の間柄。／未知の地球外生命体。

19. 強制—任意　　強制連行される。／任意同行を求められる。

20. 虚偽—真実　虚偽の報告で逮捕される。／真実は本当に一つなのか。

21. 極端—中正　極端なたとえ話。／立場の中正さを保つ。

22. 曲論—正論　また政治家が曲論を展開している。／正論が通るとは限らない。

23. 義務—権利　納税の義務を負う。／教育を受ける権利がある。

24. 具体—抽象　わかりやすい具体例での説明。／抽象的思考を鍛える。

25. 軽率—慎重　軽率な行動は慎むように。／慎重の上にも慎重を期する。

26. 結果—原因　結果を恐れてはいけない。／災害の原因は人為的なミスだ。

27. 現実—理想　現実に押しつぶされそうになる。／理想は高く。

28. 原則—例外　まず原則の理解からはじめる。／例外的な現象に振り回される。

29. 差別—平等　理不尽な差別。／法の下の平等。

30. 支出—収入　予想外の支出。／好況の影響で収入が大きく伸びる。

31. 自然—人工　自然保護を徹底する。／人工物に囲まれた生活。

32. 従属—独立　経済面で従属的立場におかれる。／就職を機に親から独立する。

33. 消費—生産　消費者を保護する。／注文が多くて生産が追いつかない。

34. 絶対—相対　絶対的な力の差。／美の基準なんて相対的なものだ。

35. 創造—模倣　天地創造神話。／師匠の技術は模倣して盗め。

36. 淡泊—濃厚　淡泊すぎる性格。／濃厚な味に仕上がっている。

37. 文明—野蛮　文明開化の時代。／野蛮な行為。

38. 保守—革新　保守的な考え方。／技術革新が起こる。

39. 優雅—粗野　優雅な振る舞い。／粗野な態度。

知識編　第9回　言葉の呼応

A　漢語と動詞・形容詞の組み合わせ

1. 指示を　仰ぐ
2. 責任を　負う／果たす／免れる
3. 成果（業績・利益）を　上げる
4. 成果が　上がる
5. 損害を　与える／受ける／被る
6. 不足（欠員・不備）を　補う
7. 結論に　至る／達する
8. 許可（判決）が　降りる
9. 3カ国語（機械・人心）を　操る
10. 判断を　誤る
11. 経済（政治・芸術）に　明るい／暗い
12. 禁（罪・法）を　犯す
13. 危険を　冒す
14. 誤解（破綻）を　招く
15. 歓心（恨み・顰蹙・反感）を　買う
16. 媚び（けんか・仲間）を　売る
17. 負債（仕事・悩み）を　抱える
18. 信頼（法）に　背く
19. 影を　落とす
20. 目的（礼儀・趣旨）に　適う
21. 経験（研鑽）を　積む
22. 混乱（睡眠不足・悪循環）に　陥る
23. 範囲（目標・問題）を　絞る
24. 事務（責任・実・指揮）を　取（執）る
25. 判断を　下す／示す
    判断が　下る／示される
26. 決断（判決）を　下す
    決断（判決）が　下る／下される
27. 理解（賛同）を　得る
    理解（賛同）が　得られる
28. 秘密（声）を　漏らす
    秘密（声）が　漏れる
29. 存在（安全・環境）を　脅かす
    存在（安全・環境）が　脅かされる
30. 人望（信頼）を　集める／得る
    人望（信頼）が　厚い／薄い
31. 注目（人気）を　集める
    注目（人気）が　集まる
32. 批判を　浴びる／浴びせる
    批判が　集まる／強まる

33. 活気（喜び）に　満ちる
　　活気（喜び）が　溢れる

34. 実現（成立）を　危ぶむ
　　実現（成立）が　危ぶまれる

35. 約束を　守る／果たす
　　約束が　守られる／果たされる

36. 権利を　侵す
　　権利が　侵される

37. 危険（批判）に　晒す
　　危険（批判）に　晒される

38. 疑い（不満）を　持つ／抱く
　　疑い（不満）を　持たれる／抱かれる

39. タネ（真実）を　明かす
　　タネ（真実）が　明かされる

40. 体制（構想・方針・意見）を　固める
　　体制（構想・方針・意見）が　固まる

41. 無理（交渉・用心）を　重ねる
　　無理（交渉）が　重なる

42. 体制（戒厳令・箝口令）を　敷く
　　体制（戒厳令・箝口令）が　敷かれる

43. 負担（ノルマ・税金）を　課す
　　負担（ノルマ・税金）が　課される

44. 罰金を　科す
　　罰金が　科される

45. 招集（願）を　かける
　　会議（気・わな）に　かける

46. 気（値）が　張る
　　根（論陣・我・身体）を　張る

47. 犠牲（無理・苦戦）を　強いる
　　犠牲（無理・苦戦）を　強いられる

48. 回復（実現・解決）を　図る
　　回復（実現・解決）が　図られる

49. メス（妨害・監査）が　入る
　　傘下（計算・局面・スト）に　入る

50. 要求（連絡・本腰）を　入れる
　　考慮（計算）に　入れる

51. 配慮を　欠く
　　配慮（迫力・説得力）に　欠ける
　　配慮（迫力・説得力）が　足りない

52. 沈黙（記録・夢）を　破る
　　沈黙（記録）が　破られる
　　夢が　破れる／破られる

B　副詞の呼応
 1.　否定的な語が後に来る
まったく／全然／いっこうに…ない
必ずしも…ない
よもや…ないだろう／あるまい

 2.　推量する語が後に来る
さぞかし／さだめし…だろう／に違いない
どうやら…のようだ／に違いない

 3.　その他
さも…そうな、そうに
もし…（仮定）なら、たら、

どうか…（要望）してほしい、したい
なにゆえ…（疑問）？

知識編　第10回　**定型表現・慣用句**

1. **頭が上がらない**　負い目や弱みのために、対等に振る舞えないこと。

2. **頭ごなし**　相手の言い分を聞かず、はじめから決めつけること。

3. **足を掬う**　思いがけない手段で、相手を失敗させること。

4. **勇み足**　調子づき、勢いに乗って、失敗する意。

5. **板に付く**　経験を積んで、職業や任務などがその人にふさわしい感じになること。

6. **意に介さない**　少しも気にかけないこと。

7. **鵜呑みにする**　人の言葉の真偽などを、よく考えもせず、そのまま受け入れる意。

8. **腕によりをかける**　腕前を示そうと、勢い込むこと。

9. **襟を正す**　気持ちを引き締めて、事に当たること。

10. **及び腰**　自信がなくて、どうしたらよいかわからずにいる様子。

11. **角が取れる**　年を重ねたり、苦労をしたりして、以前と違って温和になること。

12. **支障を来す**　物事がはかどらなくなること。

13. **尻馬に乗る**　無批判に他人のすることに便乗して何かをすること。

14. **手を焼く**　対処や処理に苦労すること。

15. **手塩にかける**　一から面倒をみて養育すること。

16. **掌を反す**　極端に態度を変える様子。

17. **二の足を踏む**　ためらうこと。どうしようかと迷うこと。

18. **鼻をあかす**　自己満足している者を出し抜くこと。

19. **的を射る**　要点を押さえていること。

20. らちが明かない　決着がつかないで、いつまでも、もたもたしていること。

21. 若気(わかげ)の至り　若者の無分別の結果。

22. 我が物顔　周囲に遠慮することなく、威張って振る舞う様子。

23. 揚げ足を取る　相手の言い損ないをとらえ、非難したりからかったりすること。

24. あごで使う　横柄な態度で人を使う。

25. 足元を見る　弱みにつけ込む。

26. 痛くもない腹を探られる　身に覚えのない疑いをかけられること。

27. お茶を濁す　いい加減にその場をごまかす。

28. 気が置けない　気を使ったり遠慮したりする必要がなく、気楽につきあえる。

29. 釘を刺す　後でもめ事が起こらないように、あらかじめ注意し念を押すこと。

30. 首が回らない　お金のやりくりがつかない。

31. 敷居が高い　不義理なことなどをしていて、その人の家に行きにくい。

32. 立て板に水を流す　すらすらとよどみなくしゃべることのたとえ。立て板に水とも。

33. 歯が浮く　軽薄な言動を見聞きして不快に感じる。

34. 歯に衣(きぬ)着せぬ　ありのままにものを言う。

35. 右に出る者がない　その人にまさる者がない。

36. 水をあける　優劣の差をはっきりつけること。

37. 水をさす　親しい仲を裂く。または物事の邪魔をする。

38. 目から鼻に抜ける　非常に賢い。

39. 槍(やり)玉に上げる　多くの中から選び出して非難や攻撃の対象にすること。

知識編　第11回　**四字熟語**

1. 曖昧模糊（あいまいもこ）　あやふやではっきりしないこと。

2. 唯々諾々（いいだくだく）　事柄の善悪にかかわらず他人の言うなりになること。

3. 意気消沈（いきしょうちん）　気持ちが沈んで元気のない様子。⟷意気揚々（いきようよう）　得意になり誇らしい様子。

4. 異口同音（いくどうおん）　大勢の人が口をそろえて同じことを言うこと。人々の意見が一致すること。

5. 以心伝心（いしんでんしん）　言葉ではなく、心から心へ伝えること。黙っていても意志が通じ合うこと。

6. 一期一会（いちごいちえ）　一生に一度限りのこと。一生に一度限りの出会いのこと。

7. 一喜一憂（いっきいちゆう）　喜んだり心配したりすること。

8. 一挙両得（いっきょりょうとく）　一つの行為で二つの利益を得ること。　＝一石二鳥

9. 一触即発（いっしょくそくはつ）　ほんの少し触るだけですぐに爆発しそうな危険な状態。

10. 一朝一夕（いっちょういっせき）　ひと朝、ひと晩の意から、ほんのわずかな時間。

11. 一刀両断（いっとうりょうだん）　きっぱりとものの処置をつけること。

12. 因果応報（いんがおうほう）　人間の行為の善悪に応じて、その報いがあるということ。

13. 紆余曲折（うよきょくせつ）　まがりくねるという意味から、事情が複雑であること。

14. 栄枯盛衰（えいこせいすい）　運命の栄えることと衰えること。

15. 温故知新（おんこちしん）　古いことを学ぶことによって新しい知識を拓（ひら）くこと。

16. 我田引水（がでんいんすい）　自分の都合のよいように自分で取りはからうこと。

17. 危機一髪（ききいっぱつ）　危険が髪の毛一本ほどのところに迫っていること。大変あぶない状況。

18. 疑心暗鬼（ぎしんあんき）　疑う心があると何でもないことまでが恐ろしく思えること。

19. 急転直下（きゅうてんちょっか）　状況が突然変わること。

20. 玉石混淆（ぎょくせきこんこう）　すぐれたものと劣ったものとが混じり合っていること。

21. 荒唐無稽（こうとうむけい）　言うことがでたらめで根拠のないさま。

22. 五里霧中（ごりむちゅう）　何の手がかりもなく見当もつかないこと。

23. 言語道断（ごんごどうだん）　もってのほかだというさま。あきれて言葉も出ないようなひどい様子。

24. 自画自賛（じがじさん）　自分の絵に自分で誉め言葉を書く意から、自分で自分を誉めること。

25. 自家撞着（じかどうちゃく）　自分の言行が食い違うこと。

26. 自業自得（じごうじとく）　自分がした悪い行いの報いを自分で受けること。

27. 四面楚歌（しめんそか）　周囲は敵ばかりで、孤立無援の状態にあること。

28. 針小棒大（しんしょうぼうだい）　針ほどの小さなものを、棒のように大げさにいうこと。

29. 大同小異（だいどうしょうい）　少しの違いはあっても、全体的には大きな違いはほとんどないこと。
　　＝五十歩百歩

31. 単刀直入（たんとうちょくにゅう）　前置きなしで直接本題を切り出すこと。

32. 電光石火（でんこうせっか）　非常に短い時間のたとえ。また、非常に迅速な行動のこと。

33. 二律背反（にりつはいはん）　同一の命題から、矛盾する二つの判断が導き出されること。

34. 美辞麗句（びじれいく）　うわべだけをかざった美しい言葉。

35. 付和雷同（ふわらいどう）　自分に定まった考えがなく、すぐに他人の意見に賛同すること。

36. 傍若無人（ぼうじゃくぶじん）　そばに人がいないかのように、自分勝手に振る舞うこと。

37. 茫然自失（ぼうぜんじしつ）　意外な出来事になす術もなくぼんやりとしている様子。

38. 優柔不断（ゆうじゅうふだん）　ぐずぐずしていて決断力が足りないこと。

39. 有名無実（ゆうめいむじつ）　名ばかりが立派で、その実質が伴わないこと。

40. 臨機応変（りんきおうへん）　その場その場の状況に合わせて適切な対応をしていくこと。

知識編　第12回　**仮名づかい・送り仮名の使い方**

A　仮名づかい

1. 助詞の「ワ・エ・オ」は、「は・へ・を」と書く。

　　　・私は金沢へ行き、おいしいカニを食べる。
　　　（例外）いまわ(際)の際　　　美しいわ　　　雨は降るわ風は吹くわ

2. 二語連合・同音連呼の「ジ・ズ」は「ぢ・づ」と書く。

　　　はなぢ（鼻血）　　　まぢか（間近）　　　かいづか（貝塚）
　　　はづき（葉月）　　　そこぢから（底力）　みかづき（三日月）
　　　かんづめ（缶詰）　　わるぢえ（悪知恵）　てぢか（手近）
　　　きづかれ（気疲れ）　こづつみ（小包）　　かたづけ（片付け）
　　　つくづく　　　　　　つづる（綴る）　　　こころづくし（心尽くし）
　　　つづら（葛）　　　　みやづかえ（宮仕え）つづく（続く）
　　　ちゃづつ（茶筒）　　ちぢむ（縮む）　　　つづみ（鼓）
（例外）
　　　うなずく　　　つまずく　　　いなずま（稲妻）　　　ゆうずう（融通）
　　　いちじく　　　せかいじゅう（世界中）　　　いちじるしい（著しい）

3. オ列の長音（のばす音）は「う」と書く。

　　　きのう（昨日）　　　ひこうき（飛行機）　　　おうぎ（扇）
（例外）
　　　オオカミ（狼）　　　とおる（通る）　　　おおい（多い）
　　　おおせ（仰せ）　　　こおり（氷）　　　　とおい（遠い）
　　　おおう（覆う）　　　とお（十）　　　　　おおきな（大きな）
　　　もよおす（催す）　　いきどおる（憤る）　とどこおる（滞る）

4. 「言う」は「いう」と書き、「ゆう」とは書かない。

B　送り仮名

1. 活用のある語は、活用語尾を送る。

　　　書く　　　　実る　　　　陥(おとしい)れる　　承(うけたまわ)る
　　　考える　　　助ける　　　満ちる　　　　　　荒い
　　　潔(いさぎよ)い　　賢い　　　濃い　　　　　　　主(おも)に

- 90 -

（例外1）「し」を含む形容詞は「し」から送る。
　　　美しい　　　著しい　　　惜しい　　　悔しい
（例外2）「か・やか・らか」を含む形容動詞は「か・やか・らか」から送る。
　　　暖(あたた)かだ　　穏(おだ)やかだ　　明(あき)らかだ

2. 漢字の読みの部分が一致するように送る。

　　動く―動かす　　照る―照らす　　語る―語らう　　生む―生まれる
　　押す―押さえる　積む―積もる　　聞く―聞こえる　起きる―起こる
　　暮らす―暮れる　当てる―当たる　若い―若やぐ　　悲しい―悲しむ

3. 名詞は送らない。

　　　　月　　　　花　　　　山　　　　女　　　　何
（例外）
　　一つ　　　幾(いく)つ　　動き　　　辺(あた)り　　哀(あわ)れ
　　勢(いきお)い　災(わざわ)い　後ろ　　　傍(かたわ)ら　幸(さいわ)い
　　幸せ　　　互(たが)い　　便(たよ)り　　半(なか)ば　　斜(なな)め
　　独り　　　誉(ほま)れ　　自(みずか)ら

4. 副詞・連体詞・接続詞は、最後の音節を送る。

　　必ず　　　更(さら)に　　少し　　　既(すで)に
　　再び　　　全く　　　　最も　　　来(きた)る
　　去(さ)る　　及び　　　　且(か)つ　　　但(ただ)し
（例外）　明(あ)くる　大いに　　直(ただ)ちに　並(なら)びに　又

5. 慣用的表記は尊重する。

　　関取(せきとり)　　取締役(とりしまりやく)　博多織(はかたおり)　振替(ふりかえ)
　　書留(かきとめ)　　消印(けしいん)　　　　踏切(ふみきり)　　両替(りょうがえ)
　　手当(てあて)　　　組合(くみあい)　　　　建物(たてもの)　　売上高(うりあげだか)
　　取扱所(とりあつかいじょ)　乗組員(のりくみいん)　待合室(まちあいしつ)　申込書(もうしこみしょ)
　　受付係(うけつけがかり)　　献立(こんだて)　　字引(じびき)　　合図(あいず)

6. 誤読・難読を避ける。

　　覚(おぼ)える―覚(さ)ます　試(こころ)みる―試(ため)す　細(ほそ)い―細(こま)かい
　　危(あぶ)ない―危(あや)うい　弱(よわ)まる―弱(よわ)る　情(じょう)―情(なさ)け
　　焦(こ)げ―焦(あせ)り　　　潜(ひそ)む―潜(もぐ)る　　凍(こお)る―凍(こご)える

附録　1

原稿用紙の使い方

以下の点は守りましょう。

① 書き出しは1字下げる。
② 改行の場合も1字下げる。
③ 句読点や（ ）等は1マス取る。ただし行頭にそれらがくる場合は、前行最終マスに同居させる。

練習問題

1 次の文章を正しく音読し、原稿用紙に縦書きで書き直しなさい（原稿用紙を使用すること）。

『雨月物語』の各篇の魅力や主題については追々ふれるとして、一つだけ注意しておかなければならないことがある。『雨月物語』は怪談文学の白眉とされる。幽霊や妖異が登場する『雨月物語』が怪談であり、また怪異の場面の描写が優れていることも間違いはないが、幽霊や妖怪が恐怖を与えるところに『雨月物語』の真骨頂があるのではない。ことさらに凄惨な殺しの場面や、血みどろのおどろおどろしい描写は、『雨月物語』には皆無である。『雨月物語』の幽霊や妖怪たちは、人間と別の化け物ではない。いずれも現実の人間と同じように執着にとらわれ、苦悩をひきずる、弱い存在である。人間のあさましさと美しさを極端な形でわれわれに見せつけるゆえに、『雨月物語』の幽霊たちは、恐ろしくもあり、また哀れでもあるのである。それはわれわれ自身の、鏡に映った姿にほかならない。『雨月物語』の主人公は幽霊ではなく、あくまでも人間――われわれ自身である。

（長島弘明著『雨月物語の世界』17〜18頁、1998年、筑摩書房）

** 「白眉」「真骨頂」「凄惨」「皆無」「執着」の読みと意味を辞書で調べてみよう。

白眉（よみ　　　）：

真骨頂（よみ　　　）：

凄惨（よみ　　　）：

皆無（よみ　　　）：

執着（よみ　　　）：

2 次の文章のなかで、原稿用紙の使い方としてふさわしくないところを指摘しなさい。

```
　私の部屋

　いま、だいたい私が使っている部屋は、新しい兄が就職のために以前松田奈緒子

だった私の部屋で、今春から、私の部屋にはしい主でもなく、兄のたは東京の部屋に移

らだっかたら、この部屋の残ったは、荷物があち

のとらえばミステリ、好きん並びか、ごくしくわずかに見つけたもしたもの「火車」を、ごらをらうれた夏彦。「京極

くをらを受賞した兄だ、「火車」を、けれ私に、『最初に勧めて、『山本周五郎賞

「」くれたもらもかぎけらは、音楽でスポーツも、兄だったが、兄の思い出に。そう興味をついた。そうした意味でのだ。こんなせまい空間でもあるわけだ。
```

附録 2
履歴書の書き方

履歴書は、提出する先から指定された書式がある場合はそれを使います。指定されない場合は、所属学校指定のもの、または市販のものを使います。以下、市販の一般的な履歴書の形式に従って気をつけたいことを説明します。順に書き入れてみてください。

履 歴 書				①年　月　日　現在	⑧

ふりがな		※男　女	写真を貼る位置
氏　名		印	写真を貼る必要が
②		③	ある場合
※明治　大正　昭和　　年　月　日生	本籍	※都道	1.縦　36～40㎜
④　　　　　　　　　（満　才）	⑤	府県	横　24～30㎜
			2.本人単身胸から上
			3.裏面のりづけ

ふりがな	電話
現住所　〒	市外局番（　　　）
⑥	－（　　　方呼出）
ふりがな	電話
連絡先　〒	市外局番（　　　）
⑦	－（　　　方呼出）

鉛筆ではなく、黒または青の筆記具を使い、字は崩さず、略さず、楷書で書きます。

①郵送する場合は投函(とうかん)する日の日付、持参する場合は当日の日付を用います。
②氏名をバランスよく書き、ふりがなを忘れないようにします。
③印はまっすぐ押します。（朱肉のいらないタイプのものは使わない）
④「1、2」などのアラビア数字を使って書き、年齢は①に書いた日付の時点で書きます。
⑤最近はこの欄がないものも増えていますが、確認しておきましょう。
⑥マンション名なども略さず全部書きます。
⑦現住所以外に連絡を希望する場合に書きます。1人暮らしの人などは、考えておいた方がよいでしょう。また、携帯電話やFAX、Eメールアドレスなどの連絡手段がある場合は、それも書きます。
⑧服装に気をつけ、写りのよいものを選びます。のりづけする前に油性のペンで裏に氏名を書いておきます。

年	月	学歴・職歴（各別にまとめて書く）
		学　歴
⑨	⑩	
		職　歴
	⑪	
		⑫以上

⑨「平成1」「3」のように、元号と数字を使って書きます。同じ元号が続いても、「〃」「同」などは使いません。

⑩中学校卒業から書き始めます。同じ学校名が何度も出てくる場合でも「〃」「同」などは使わず全部書きます。最終段は、現在在学中の場合は、「卒業見込み」となります。

⑪パートやアルバイトなどは書きません。

⑫学歴・職歴とも書き終わったら、「以上」と書きます。もし、社会的に認められる程度の大会やコンクールなどの入賞・優勝といった経歴があれば、職歴の次に「賞罰」として書き、その後に「以上」とします。

年	月	免許・資格
		⑬

⑬免許・資格の名称は正式名称で書きます。例えば「英検」などは「実用英語検定試験」とします。免許・資格を書く順序は、取得した年月順に書くのが一般的ですが、免許を先に書く、またはアピールしたいものを優先して書く、といった方法でも構いません。自分なりの基準で順番を整理しておきます。免許・資格の場合は「○○免許取得」、検定試験などの場合は「○○試験◇級合格」とします。近いうちに確実に取れるものについては、「取得予定」とします。

以上の欄の次には、「志望動機」「趣味・特技」「得意な学科」「健康状態」「性格」「本人希望欄」「自己PR」などの項目が設定されています。それぞれのスペースに応じて、具体的に書きます。（例えば「趣味：旅行」とだけ書くのでなく、「趣味：旅行。アジアの民族音楽に生でふれることが最大の楽しみで、これまでに7カ国を回った。」など、「どんな人物だろうか」と興味を持たれるように書きます。）このような項目は、履歴書によって異なるので、自分のもっとも書きやすいものを探しておきましょう。ただし、就職活動では「志望動機」「自己PR」などの記入スペースの大きいものを選び、「読ませる履歴書」を目指すべきです。

No _____

履 歴 書

　　　　　　　　　年　　月　　日現在

ふりがな		性別
氏　名		

生年月日　　　年　　月　　日生（満　　才）

```
写真をはる位置

写真をはる必要が
ある場合
1.縦36〜40mm
　横24〜30mm
2.本人単身胸から上
3.裏面のりづけ
```

ふりがな	電話
現住所　〒	市外局番（　　　）
	－

ふりがな	電話
連絡先　〒　　　　　（現住所以外に連絡を希望する場合のみ記入してください）	市外局番（　　　）
方	－

年	月	学歴・職歴（各別にまとめて書いてください）

押印は廃止になっております　　　　　　　　　　　※印のところは〇でかこんでください

No _____

ふりがな		現住所 〒	電話 市外局番( )
氏　名			―

取得年	月	免　許・資　格

好きな学科		志望の動機	
特　　技			
所属クラブ等			
スポーツ 趣　味			

勤務開始可能日　　　年　　月　　日から　　通勤時間　約　　時間　　分

本人希望欄 (希望があれば記入)	給　料		勤務時間	
	職　種		勤務地	
	その他			

扶養家族数 (配偶者を除く)　　人	配偶者　※　有・無	配偶者の扶養義務　※　有・無

保護者(本人が未成年者の場合のみ記入してください) ふりがな			電話 市外局番( )
氏　名		住　所 〒	―

採用者側の記入欄(志望者は記入しないでください)

この用紙はエコマーク認定の再生紙を使用しています

受理日　　年　　月　　日

執筆者（五十音順）

　　加藤良徳　　（かとう・よしのり）　　大阪体育大学教授
　　榊原千鶴　　（さかきばら・ちづる）　　名古屋大学教授
　　佐光美穂　　（さこう・みほ）　　名古屋大学教育学部附属中学校・高等学校教諭
　　中島泰貴　　（なやじま・やすたか）　　岐阜工業高等専門学校教授
　　奥山景布子　（おくやま・きょうこ）　　作家
　　宮地朝子　　（みやち・あさこ）　　名古屋大学教授

イラスト

　　彦坂可南子　（ひこさか・かなこ）

書き込み式
日本語表現ノート
令和4年4月1日　初版第19刷発行

定価は表紙に表示いたしております。

©編　者	名古屋大学日本語表現研究会
装　丁	第二整版印刷デザイン研究所
発行者	吉田敬弥
印刷所	(株)エーヴィスシステムズ
発行所	東京都港区三田3-2-39

株式会社　三弥井書店
電話03-3452-8069
振替00190-8-21125